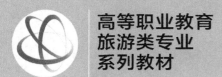

高等职业教育旅游类专业系列教材

中国特色高水平专业群建设成果

客舱乘务员机上服务

主　编　任　静
副主编　姚　瑞　李晓鹏

西安交通大学出版社
XI'AN JIAOTONG UNIVERSITY PRESS

图书在版编目(CIP)数据

客舱乘务员机上服务/任静主编. — 西安：西安交通大学出版社，2022.12
ISBN 978-7-5693-2912-4

Ⅰ.①客… Ⅱ.①任… Ⅲ.①民用航空-旅客运输-商业服务-教材 Ⅳ.①F560.9

中国版本图书馆 CIP 数据核字(2022)第 218228 号

Kecang Chengwuyuan Jishang Fuwu

书　　名	客舱乘务员机上服务
主　　编	任　静
副 主 编	姚　瑞　李晓鹏
策划编辑	刘艺飞
责任编辑	张　欣　王　帆
责任校对	柳　晨
出版发行	西安交通大学出版社 (西安市兴庆南路1号　邮政编码 710048)
网　　址	http://www.xjtupress.com
电　　话	(029)82668357　82667874(市场营销中心) (029)82668315(总编办)
传　　真	(029)82668280
印　　刷	西安五星印刷有限公司
开　　本	787mm×1092mm　1/16　印张 17.125　字数 355千字
版次印次	2022年12月第1版　2022年12月第1次印刷
书　　号	ISBN 978-7-5693-2912-4
定　　价	49.80元

如发现印装质量问题，请与本社市场营销中心联系。
订购热线：(029)82665248　(029)82667874
投稿热线：(029)82668804
读者信箱：phoe@qq.com

版权所有　侵权必究

前言
Foreword

近年来，全国各本科院校、高职专科学校广泛增开空中乘务、机场地面运行、通航服务和民航安全技术管理等相关专业，此类专业在校学生人数急剧攀升，从而对民航专业教材的需求量也在增加。目前国内使用的民航专业教材还是本专科通用的，且以面向本科的空中乘务专业为主，学术性较强，教材内容对于基础相对较弱的高职高专学生有一定的难度；缺少空中乘务专业新形态活页式教材，特别是针对1+X空中乘务职业技能等级证书的专业教材。

在内容上，本书对接1+X空中乘务职业技能等级证书考核模块，遵循"深化产教融合，强化业务实践"的编写原则，系统分析空乘职业岗位，精心设计三大模块，以任务为载体，构建课程体系。课程内容基于民航企业实际工作情境凝练，基于任务分解知识点或技能点，内容"课证融通"；结合高等职业学校学生的认知特点，以够用为原则，设计相应教学活动，以工作任务为中心整合理论与实践，实现做学一体化。

本书包括客舱服务英语、客舱服务技能和客舱服务设备三部分内容。学生通过学习常用对话、高频语句、专业词汇、拓展知识和案例分析，扩展和延伸了专业知识学习的广度与深度，同时了解了行业新技术、新标准，教材的实用性、有效性得以加强。从形式上，本书融课程纸质教材与学习平台为一体，弥补了民航专业数字化教材的不足。教材借助自建的两门省级精品在线课程，涵盖了大量信息化教学资源，融任务于职场情境中，实现学生能表达、会服务、重安全的教学目标，具有较强的针对性、指导性和实用性，为学生未来的职业生涯打下基础。

本书可作为高职高专院校航空运输专业大类中的空中乘务、地面服务、机场运行、民航安全技术管理、通航服务等专业的专业课教材，也可作为航空公司空乘人员、机场地面服务人员以及广大英语爱好者在日常工作及商务活动中的参考用书。

客舱服务英语部分项目一和项目二由李杨、任静、刘娜编写，项目三由周小娟、屈俊玲编写（本书英语部分的对话演练英文与中文翻译并不一一对应，根据职业要求及汉语习惯来翻译）；客舱服务技能部分由姚瑞编写；客舱服务设备部分由李晓鹏编写。

本书在编写过程中，得到了西咸新区航空航天协会副会长武贤伟，海南航空控股股份有限公司贺玉婷、于涵博等专家的大力协助和支持，在此表示衷心的感谢！同时，本书借鉴大量的文献资料，在此向原作者致以诚挚的谢意！

由于编者水平有限，书中难免有不当之处，敬请广大读者和专家给予批评指正。

编者

2022 年 12 月

目 录
Contents

模块一　客舱服务英语

项目一　客舱安全（Cabin Safety） ………………………………………（ 3 ）
　Task 1　步步小心，时刻谨记 Cabin Safety Announcement ………（ 4 ）
　Task 2　居安思危，防患未然 Electronic Devices Control …………（ 13 ）
　Task 3　旅行途中，健康有我 Public Health ………………………（ 19 ）
　Task 4　美好旅程，你我共建 Unruly Passengers …………………（ 27 ）

项目二　客舱服务（Cabin Service） ………………………………………（ 35 ）
　Task 1　微笑问好，喜迎客到 Welcome Announcement ……………（ 36 ）
　Task 2　畅饮一杯，心旷神怡 Beverage Service ……………………（ 44 ）
　Task 3　空中美食，匠心之作 Meals On-board ………………………（ 52 ）
　Task 4　乘客无小事，座椅要舒适 Seat Exchange …………………（ 61 ）
　Task 5　"空淘"也欢乐 Duty-free Sales ……………………………（ 70 ）
　Task 6　老少皆宜，欢乐随行 In-flight Entertainment Devices and Service
　　　　………………………………………………………………………（ 79 ）

项目三　紧急情况处理（Emergencies） ………………………………（ 89 ）
　Task 1　紧急迫降，化险为夷 Emergency Landing …………………（ 90 ）
　Task 2　火情之后，贴心安抚 Calming down Passengers …………（ 97 ）
　Task 3　客舱失压，沉着应对 Decompression ………………………（ 103 ）
　Task 4　延误偶发，贴心常在 Delay …………………………………（ 109 ）

模块二　客舱服务技能

项目一　认识民航乘务员……………………………………………（119）
　任务一　民航乘务员职业形象塑造………………………………（120）
　任务二　民航乘务员职业礼仪……………………………………（129）
项目二　乘务工作的四个阶段………………………………………（139）
　任务一　飞行四阶段………………………………………………（140）
　任务二　客舱服务规范……………………………………………（167）
项目三　特殊旅客服务………………………………………………（175）
　任务一　服务需要特殊照顾的旅客………………………………（176）
　任务二　服务需要特殊关注的旅客………………………………（189）

模块三　客舱设施与服务

项目一　客舱服务设备分类及使用…………………………………（197）
　任务一　客舱服务组件（PSU）操作………………………………（198）
　任务二　客舱座椅种类及服务设备使用…………………………（203）
项目二　厨房及卫生间设备操作……………………………………（213）
　任务一　厨房设备使用……………………………………………（214）
　任务二　卫生间设备使用…………………………………………（221）
项目三　应急设备分类及使用………………………………………（227）
　任务一　急救设备分类及使用……………………………………（228）
　任务二　灭火设备分类及使用……………………………………（239）
　任务三　求生设备分类及使用……………………………………（246）
项目四　机型认知及舱门操作………………………………………（253）
　任务一　B737-800、A320机型介绍………………………………（254）
　任务二　B737-800、A320客机舱门操作规范……………………（260）
附录　乘务组整体评价标准…………………………………………（267）

模块一

客舱服务英语

项目一

客舱安全（Cabin Safety）

Task 1　步步小心，时刻谨记
Cabin Safety Announcement

任务描述

Cabin safety involves to 1) the prevention of accidents and incidents, 2) the protection of the aircraft's occupants, through proactive safety management, including hazard identification and safety risk management, and 3) the increase of survivability in the event of an emergency situation.

分层任务单

主题：飞机起飞前，乘务员进行客舱广播，提醒旅客遵守航行安全规定。请根据必选任务、可选任务的要求，编写一段英文广播稿

必选任务	乘务员向乘客播报安全示范广播
可选任务	1. 介绍应急设备及使用方法，介绍紧急出口的位置 2. 提醒旅客遵守航空安全规定
职业目标	1. 培养学生处理旅客需求与航行安全规定之间矛盾的能力 2. 强化安全意识，树立职业责任感

任务实施

乘务员向旅客进行安全演示的广播

Ladies and gentlemen,
　　Our flight attendants will now demonstrate the use of the life vest, oxygen mask and seatbelt, and show you the location of the emergency exits.

女士们、先生们！
　　现在客舱乘务员向您介绍救生衣、氧气面罩、安全带的使用方法和应急出口位

置,请注意我们的示范和说明。

Your life vest is located under your seat. To put the vest on, slip it over your head. Then fasten the buckles and strap tightly around your waist. Please don't inflate while in the cabin, you can pull the tabs down firmly to inflate before evacuation. If your vest needs further inflation, blow into the tube on either side of your vest.

救生衣在您座椅下面的口袋里,使用时取出,经头部穿好。将带子扣好、系紧。在出口处时,您可以拉动充气阀门将救生衣充气,但在客舱内请不要充气。充气不足时,请将救生衣上部的人工充气管拉出,用嘴向里充气。

Your oxygen mask is located in a compartment above your seat. It will drop automatically in case of emergency. When the mask drops, pull a mask down sharply to activate the flow of oxygen. Place the mask over your nose and mouth, slip the elastic band over your head.

氧气面罩储藏在您座椅上方,发生紧急情况时面罩会自动脱落。氧气面罩脱落后,请用力向下拉面罩。将面罩罩在口鼻处,把袋子套在头上进行正常呼吸。

Each chair has a seatbelt that must be fastened when you are seated. To fasten your seatbelt, insert the link into the buckle. To be effective, the seatbelt should be tightly fastened. To unfasten the seatbelt, lift this buckle.

每位旅客座位上都有一条可以对扣起来的安全带。使用时,将连接片插入锁扣内。根据您的需要,调节安全带的松紧。解开时,先将锁扣打开,拉出连接片。

There are eight emergency exits on this aircraft. They are located in the front, the rear and the middle of the main cabin. Please do not touch the emergency operating handles unless specifically instructed by our crew members in emergency situations.

本架飞机共有 8 个应急出口，分别位于前部、后部及中部，请不要随便拉动应急出口手柄。

The emergency indication lights are located along the aisle and at the exits. In the unlikely event of an evacuation, please follow the emergency indication lights to the nearest exit, and do not carry any hand luggage with you.

在客舱通道上及出口处有应急照明指示灯，在应急撤离时按指示路线撤离，撤离时禁止携带任何行李。

For further information, please refer to the "Safety Instruction" in the seat pocket in front of you. Thank you!

《安全须知》在您前排座椅背后的口袋里，请您在起飞前仔细阅读。谢谢！

对话演练

对话：乘客询问机上安全设施

（Singapore Airlines，Flight SQ827）
（新加坡航空，SQ827 次航班）
（P＝passenger，FA＝flight attendant）

P：Can I ask you some questions about the in-flight instructions?

我能问一些关于客舱指示牌的问题吗？

FA：It would be my pleasure to help you with any questions you might have.

您好！非常乐意为您效劳。

P：Where is the nearest exit which you've mentioned in the boardcasting?

刚才您说到离我最近的紧急出口，请问在哪里呢？

FA：There is a card in your seat pocket that shows you where your nearest exit is. Your nearest exit is three rows in front of you.

在您面前的座椅口袋里有一份安全须知卡。卡片上标出了离您座位最近的安全出口的位置就在您前面三排。

P：Where is my oxygen mask?

我的氧气面罩在哪里？

FA：Your oxygen mask is above you. It will drop down if the cabin pressure is lost.

您的氧气面罩就在您的座椅上方。当机舱内失压，它会自动落下。

P：Where is the life vest?

救生衣都在哪里？

FA：The life vest is under your seat.

救生衣在您的座椅下方。

P：These seats are very comfortable, You are so nice to people. Everything is perfect. I will always fly with this airline.

这架飞机上的座椅非常舒适，您的服务也非常好，我对各方面都很满意，会一直选择贵航空公司。

FA：Thank you, sir. Enjoy your flight!

谢谢您的认可，先生。祝您旅途愉快。

学习评价

姓名：_____ 组别：_____

学习过程	学习评价			综合得分	收获与改进
	自我评价（20%）	小组评价（30%）	教师点评（50%）		
课前预习					
课中实施					
课后拓展					

注：评价标准见附录。

高频语句

1. Can I ask you some questions about the in-flight instructions?
我能问一些关于客舱指示牌的问题吗？

2. It would be my pleasure to help you with any questions you might have.
非常乐意为您效劳。

3. There is a card in your seat pocket that shows you where your nearest exit is.
在您面前的座椅口袋里有一份安全须知卡，卡上标明了最靠近您座位的安全出口的位置。

4. Your oxygen mask is above you. It will drop down if the cabin pressure is lost.
您的氧气面罩就在您的座椅上方。当机舱内失压，它会自动落下。

5. The life vest is under your seat.
救生衣在您的座椅下方。

6. I'd like you to fasten your seatbelt please.
请您系好安全带。

专业词汇

1. **in-flight** *adj.* provided or happening during a journey on a plane 飞行中供应(或发生)的

2. **instructions** /ɪnˈstrʌkʃnz/ *n.* (pl) directions, orders, or recommended rules for guidance, use, etc 指示；命令；操作指南

3. **oxygen** /ˈɒksɪdʒən/ *n.* a gas that is present in air and water and is necessary for people, animals and plants to live. 氧；氧气

4. **pressure** /ˈpreʃə(r)/ *n.* the force of the atmosphere on the earth's surface 大气压

5. **life jacket** *n.* a jacket without sleeves, that can be filled with air, designed to help you float if you fall in water 救生衣

6. **block** /blɒk/ *v.* to stop sth from moving or flowing through a pipe, a passage, a road, etc. by putting sth in it or across it 堵塞；阻塞

7. **locker** /ˈlɒkə(r)/ *n.* a small cupboard that can be locked, where you can leave your clothes, bags, etc. while you play a sport or go somewhere (体育馆等的)有锁存物柜，寄存柜

8. **safety briefing** *n.* 安全须知

拓展小贴士

Effective Passenger Safety Briefings
(有效的乘机安全简介)

The Flight Operations Section of the International Civil Aviation Organization (ICAO) takes lead responsibility for writing and updating cabin safety standards and recommended practices, including associated guidance material, that apply to commercial air transport.

International Civil Aviation Organization (ICAO) standards address the need for passengers to receive safety information while aboard aircraft. Operators should communicate specific, accurate information and instructions to passengers, in a variety of methods, to facilitate understanding. These methods include verbal briefings and visual safety information, such as passenger safety briefing cards.

Passenger survival rates are improved when the passengers are informed about the correct use of safety equipment and the actions they should take in the event of an emergency situation. ICAO has stated that well-informed, knowledgeable passengers have a better chance of surviving a life-threatening situation that may occur on board an aircraft.

国际民用航空组织（ICAO）的飞行运行科主要负责编写和更新适用于商业航空运输的客舱安全标准和推荐做法，包括相关的指导材料。

ICAO标准使得乘客了解乘机安全信息。运营人应以多种方式向旅客传达具体、准确的安全信息和说明，以帮助旅客充分理解。这些方法包括口头介绍和可视安全信息演示，如乘客安全须知卡。

当乘客被告知安全设备的正确使用方式以及他们在紧急情况下应采取的行动时，乘客在发生空难时的存活率就会大大提高。国际民航组织表示，具备相应知识的乘客更有可能在飞机上发生的危及生命的情况时幸存下来。

飞行测验

Task 1 Please remember the new words as quickly as you can. Write down the Chinese for each word.

1. in-flight _____
2. instructions _____
3. oxygen _____
4. pressure _____
5. life jacket _____
6. block _____
7. locker _____
8. safety briefing _____

Task 2 Listen and write the words you hear.

1. _____
2. _____
3. _____
4. _____
5. _____
6. _____
7. _____
8. _____

Task 3　Listen and fill in the blanks of each sentences.

1. There is a big blue suit case _____ the aisle at the front of the economy cabin.

2. Could you please put it in the overhead _____?

3. Could you please put it _____ in front of you?

4. We need the space in the overhead locker for _____.

5. Would you mind putting your paper down please? The people behind can't see the _____.

Task 4　Read and try to translate the sentences in Task 3.

1. _____
2. _____
3. _____
4. _____
5. _____

Task 5　Listen and try to complete the dialogue.

Cabin Security Check

FA: There is a big blue suit case blocking the aisle __1__ the economy cabin. Would the owner of the big blue suit case please raise their hands?

P1: Oh, sorry, it's mine.

FA: Could you please put it in the __2__ locker?

P1: Sure, no problem.

FA: Excuse me, whose handbag is this? Could I have your __3__ please? I've got a little red handbag here.

P2: Oh, it's mine. __4__?

FA: Could you please put it under the seat in front of you? We __5__ in the overhead locker for larger items.

P2: Yes, of course. Sorry.

FA: Would you mind __6__ please? The people behind can't see the safety briefing. Thank you.

课后拓展

Please make a dialogue according to the following information.

1. The door of the aircraft has been closed.
2. One of the passengers insists putting his/her suitcase beside him/her.
3. Another passenger gets the window shade closed for he/she wants to sleep.
4. The flight attendant needs to persuade them.

Task 2　居安思危，防患未然
Electronic Devices Control

任务描述

The rapid increase in the use of and the range of Portable Electronic Devices (PEDs) such as mobile/cell phones, electronic document readers, tablet computers, laptops, MP3 players etc. in everyday life has led leading safety regulators to re-assess their policy on PED use on board for commercial air transport. Although there was never any documented evidence of risk to flight safety, for many years, the "Precautionary Principle" was applied and the use of all PEDs was banned during critical phases of flight (takeoff / initial climb and approach and landing), this being usually defined by the illumination of the seat belt signs during those flight phases.

分层任务单

主题：飞机起飞前，乘务员进行客舱广播，提醒旅客遵守航行安全规定。请根据主题和必选任务、可选任务的要求，编写一段英文广播稿	
必选任务	乘务员要求乘客关闭电子产品
可选任务	1. 安全广播：起飞前 5 分钟进行安全广播 2. 介绍电子产品对航行安全的影响
职业目标	1. 具有化解旅客需求与航行安全规定之间矛盾的能力 2. 强化安全意识，树立职业责任感

任务实施

乘务员向旅客进行安全演示的广播

Ladies and gentlemen, in preparation for departure, please fasten your seat belt. Please your seat back in the upright position. Fold your tray table and open the window shade. All cellular telephones and other portable electronic devices, such as musical players and laptops, must be adjusted to flight mode or turned off and stowed for departure. Thank you.

女士们，先生们：我们的飞机马上就要起飞，请系紧您的安全带，调直座椅靠背，收起小桌板，打开遮光板。请将您的手机、音乐播放器、手提电脑等其他电子产品全部调到飞行模式或关闭手机，谢谢。

对话演练

对话：劝说旅客停止使用电子产品

FA: Excuse me, Miss. Would you mind turning off your phone? The plane is about to take off soon.

您好，小姐。请您关闭您的手机，飞机就要起飞了。

P: One second. I'm still trying to get my business done here.

等一下，我正在处理我的工作。

FA: Sorry for the inconvenience, Miss. But the aircraft requires you to turn off electronic devices or keep them in flight mode during take-off.

很抱歉给您带来不便。但是根据航空要求，飞机起飞前请关闭电子产品或调整到飞行模式。

P: Fine. I'll turn it off in a few seconds.

好吧。我立刻关机。

模块一 客舱服务英语

学习评价

姓名：　　　　　　　组别：

学习过程	学习评价			综合得分	收获与改进
	自我评价（20%）	小组评价（30%）	教师点评（50%）		
课前预习					
课中实施					
课后拓展					

注：评价标准见附录。

高频语句

1. Excuse me, sir. Could you adjust your phones and mobile devices to flight mode? We're preparing for take-off.

先生，您好。请将您的手机和其他电子设备调到飞行模式，我们的航班即将起飞。

2. Sir, please put away your laptop for take-off.

先生，飞机即将起飞，请关闭您的笔记本电脑。

3. Sir, please remove your headphones, we are about to land.

先生，请您摘下耳机，飞机即将着陆。

4. Sorry for the inconvenience.

抱歉给您带来不便。

5. But the aircraft requires you to turn off electronic devices or keep them in flight mode during take-off.

根据航空要求，飞机起飞前请关闭电子产品或将其调整到飞行模式。

专业词汇

1. **inconvenience** /ˌɪnkənˈviːniəns/ *n.* trouble or problems, especially concerning what you need or would like yourself. 不便；麻烦；困难

2. **device** /dɪˈvaɪs/ *n.* an object or a piece of equipment that has been designed to do a particular job 装置；仪器；器具；设备

3. **remove** /rɪˈmuːv/ *v.* to take sth. away from a place 移开；拿开；去掉

4. **put away** *v.* 放好；储存

5. **headphone** /ˈhedfəʊn/ *n.* a piece of equipment consisting of two earphones joined by a band across the head that makes it possible to listen to music, the radio, etc. without other people hearing it 头戴式耳机

6. **stow** /stəʊ/ *v.* to put sth. in a safe place 妥善放置；把…收好

7. **interfere** /ˌɪntəˈfɪə(r)/ *v.* to prevent sth. from succeeding or from being done or happening as planned 妨碍；干扰

拓展小贴士

Electromagnetic Interference from PEDs
（便携式电子产品的电磁干扰）

Any T-PED and virtually all non-transmitting PEDs emit low levels of electromagnetic radiation which could theoretically interfere with aircraft avionics when switched on, but unless they are transmitting, even multiple simultaneous use has now been deemed not to prejudice aircraft systems function. Increasing numbers of aircraft are being fitted with Wi-Fi access which enables controlled passenger access to the Internet in flight via their PEDs. It is common for such access to be permitted only when the aircraft is above 10,000 feet or only made available at the same time as the in-flight entertainment system.

任何具有发射和接收信号能力的便携电子产品和几乎所有非发射信号类的电子产品都会发出低水平的电磁辐射，理论上会在其开启时干扰飞机上的航空电子设备的正常运行。但除非它们正在发射信号，否则即使同时使用多个设备也不会损害到飞机系统的功能。越来越多的飞机配备了无线网络，这使得乘客能够在飞行中通过他们的电子产品访问互联网。但通常只有当飞机高于 10 000 英尺或仅在机上娱乐系统同步开启时才允许使用此类电子产品。

飞行测验

Task 1　Please remember the new words as quickly as you can. Write down the Chinese for each word.

1. inconvenience _____
2. device _____
3. remove _____
4. take-off _____
5. laptop _____
6. headphone _____
7. interfere _____

Task 2　Listen and write the words you hear.

1. _____
2. _____
3. _____
4. _____
5. _____
6. _____
7. _____

Task 3　Listen and fill in the blanks of each sentences.

1. You need to _____ because it may interfere with our navigation equipment.
2. We're preparing to _____ .
3. What dose my MP3 player _____ with your plane?
4. I'll have to ask you to turn it off now or we'll _____ to meet you off the

plane.

5. That wasn't _____, sir.

Task 4　Read and try to translate the sentences in Task 3.

1. _____
2. _____
3. _____
4. _____
5. _____

Task 5　Listen and try to complete the dialogue.

Persuading passenger not to use PEDs

FA: Excuse me, sir.

P: Are you talking to me?

FA: Yes, I am. Would you __1__ your MP3 player please?

P: __2__?

FA: We made an __3__. You need to turn it off because it may __4__ with our navigation equipment. We're preparing to land.

P: Sorry, but what does my MP3 player have to do with your plane? Anyway, this is first class. You can't __5__.

FA: I'm sorry, sir, but you __6__, I'll have to ask you to turn it off now or we'll arrange for the police to meet you off the plane.

P: Aha!

FA: That wasn't a joke, sir.

P: Oh, alright.

课后拓展

Role A is a senior high student. Role B is the flight attendant. A has never taken the flight, so he is using his electronic reader when the plane is taxiing. B will let him/her know about the airline regulations. Please make a conversation with your partner(s) according to the dialogue above.

· 18 ·

Task 3　旅行途中，健康有我
Public Health

任务描述

In past centuries, millions people have died from diseases imported from other countries. Such risks remain a significant threat to health and safety. Nowadays, pandemics are likely to:

1. Be promulgated by air transport.

2. Adversely affect the efficiency and potentiality, the safety of aviation operations.

3. Impact national economies and private enterprises that rely on aviation.

4. Expose aviation workers and travelers to health risks.

Personnel working in the aviation sector should be aware of how public health events might affect the industry, as well as their own health. They should know how to respond to a public health event. Such events include an influenza pandemic or a widespread outbreak of a new type of disease.

分层任务单

主题：飞机起飞前/飞行中/落地后，提醒乘客遵守防疫要求，防止疫情传播	
必选任务	客舱防疫安全广播
可选任务	1. 向乘客提供防疫物资 2. 提醒乘客遵守防疫要求
职业目标	1. 掌握安全防疫知识 2. 培养学生的同理心与职业责任感

任务实施

提醒旅客佩戴口罩的客舱广播

Ladies and gentlemen, welcome aboard China Southern Airlines. We kindly remind you that all passengers are requested to wear masks throughout the flight. Thank you for your understanding and cooperation.

女士们,先生们:中国南方航空欢迎您。我们特别提醒您,为了您和他人的健康安全,请所有旅客在飞行全程中佩戴口罩,感谢您的理解与配合!

疫情期间致礼广播

Ladies and gentlemen, good morning/ afternoon/ evening! Welcome aboard China Southern Airlines. Our flight CZ6759 is from Beijing to Sanya. The flight time will be 2 hours and 30 minutes. The entire cabin crew are pleased to have you on board with us.

Due to the special situation we are facing, the cabin service standards are adjusted, while our passion and care will never be changed. We thank you for your understanding and cooperation.

女士们,先生们:早上好/下午好/晚上好!

欢迎您乘坐中国南方航空CZ6759航班从北京前往三亚,飞行时间为2小时30分。本次航班全体机组人员向您致以最诚挚的问候。

疫情当前,万众一心。南航坚定不移响应号召,助力打赢疫情防控阻击战,守护您的每一次旅途。机上服务调整改变,但不变的是我们的态度与决心。抗击疫情,南航与您同行!

健康提示广播

Ladies and gentlemen, according to the requirements of the Chinese Health Department, if you have experienced symptoms such as fever, cough, shortness of breath, please inform the flight attendant immediately, and complete information registration. For all passengers, when you disembark, please follow the instructions of the ground staff to take the health check. Thank you for your understanding and cooperation.

女士们,先生们:根据国家卫生部门的要求,在本次乘机期间,如您有发烧、干咳、乏力、呼吸困难等症状,请立即告知客舱乘务员,我们将为您提供协助,并请配合信息登记工作。感谢您的理解与配合,南方航空祝您旅途愉快!

对话演练

对话：按照防疫规定帮助生病的乘客

（P＝passenger，FA＝flight attendant）

FA：Excuse me, madam, Did you just call the service?

您好，女士，是您呼叫了服务吗？

P：Yes I did. I'm not feeling well right now. I think I'm having a fever.

是的。我感觉很不舒服，好像发烧了。

FA：Don't worry madam. I'll get you a thermometer, let's check your temperature first.

别紧张，女士。我先给您拿体温表，我们量一下体温。

P：Okay, thank you.

好的。谢谢。

FA：Madam, would you mind changing your seat to the back row where the seats are empty? You can have a larger space to have a good rest, and it's also easy for our medical staff to provide you some service.

女士，能否请您移步到客舱后排休息？后排座椅均无人就座，您可以在宽敞的空间里充分休息，我们的医护人员也比较方便向您提供帮助。

P：Thank you. But I'm good with my seat here.

谢谢。但是我不想换位置。

· 21 ·

FA：Sorry for the trouble madam, but according to the requirements of Chinese Health Department, the fevered passenger should keep physical distance with other passengers. But don't be nervous, I assure you we will fully take care of you.

对不起女士，但是根据中国卫生部的要求，凡是发热乘客都需要与其他乘客保持一定的距离。但是别担心，我向您保证我们一定会更好地照顾您。

P：Okay. Thank you.

好吧。谢谢

FA：Thank you for your understanding. Now let me get you some hot water and blanket to keep you warm. Our medical staff is waiting for you already.

感谢你的理解。我去给您拿杯热水，拿条毯子，您就不冷了。我们的医护人员已经在等您了。

学习评价

姓名：　　　　　　　　　　组别：

学习过程	学习评价			综合得分	收获与改进
	自我评价（20%）	小组评价（30%）	教师点评（50%）		
课前预习					
课中实施					
课后拓展					

注：评价标准见附录。

高频语句

1. Excuse me, madam, Did you just call the service?

您好，女士。是您呼叫了服务吗？

2. I'm not feeling well right now. I think I'm having a fever.

我感觉很不舒服，好像发烧了。

3. I'll get you a thermometer, let's check your temperature first.

我先给您拿体温表，我们量一下体温。

4. Madam, would you mind changing your seat to the back row where the seats are empty?

女士，能否请您移步到客舱后排休息？后排座椅均无人就座。

5. According to the requirements of Chinese Health Department, the fevered passenger should keep physical distance with other passengers.

根据中国卫生部的要求，凡是发热乘客都需要与其他乘客保持一定的距离。

6. I'm sorry sir, but you cannot remove your mask in cabin.

很抱歉先生，客舱内不能摘下口罩。

7. Please wear your mask during the whole flight.

请您在航行途中戴好口罩。

专业词汇

1. **request** /rɪˈkwest/ *v.* （formal）to ask for something or ask somebody to do something in a polite or formal way（正式或礼貌地）请求；要求

2. **throughout** /θruːˈaʊt/ *prep.* during the whole period of time of something 自始至终；贯穿整个时期

3. **adjust** /əˈdʒʌst/ *v.* to change something slightly to make it more suitable for a new set of conditions or to make it work better 调整；调节

4. **symptom** /ˈsɪmptəm/ *n.* a change in your body or mind that shows that you are not healthy 症状

5. **disembark** /ˌdɪsɪmˈbɑːk/ *v.* （formal）to leave a vehicle, especially a ship or an aircraft, at the end of a journey 下（车、船、飞机等）

6. **thermometer** /θəˈmɒmɪtə(r)/ *n.* an instrument used for measuring the temperature of the air, a person's body, etc. 温度计；寒暑表；体温计

拓展小贴士

Five Air Travel Health Tips
（5个安全旅行小贴士）

1. The Fundamentals of COVID-19 Still Apply.

Being a global pandemic, COVID-19 is everywhere. Before travelling, you should:

  a. Check travel restrictions.

  b. Get your flu shot.

  c. Bring extra supplies, such as masks and hand sanitizer.

  d. Do not travel if you or your travel companions are sick.

  e. Wear a mask.

  f. Avoid close contact by staying at least 6 feet apart from anyone not in your group.

  g. Avoid touching your eyes, nose, and mouth.

  h. Consider testing.

 2. Be Prepared for Anything.

  a. Hand sanitizer.

  b. High-protein snacks.

  c. Gum to chew for elevation changes.

  d. Cough drops.

  e. All your medications for the duration of your trip.

  f. Facial moisturizer.

  g. Eye mask, earplugs or headphones.

  h. An extra sweater (this can function as a blanket or neck pillow).

 3. Wear Sunscreen.

 4. Avoid Alcoholic Beverages on the Plane.

 5. Flex Your Muscles.

1. COVID-19 的基本原理仍然适用。

新型冠状病毒感染是一场全球性的流行病，无处不在。旅行前，你应：

(1)检查旅行地限制。

(2)去打疫苗。

(3)带上额外的用品，比如口罩和洗手液。

(4)如果您或您的旅伴生病，请不要旅行。

(5)戴上口罩。

(6)避免近距离接触，与团队以外的人保持至少 6 英尺的距离。

(7)避免触摸眼睛、鼻子和嘴巴。

(8)考虑核酸检测。

2. 做好一切准备。

(1)洗手液。

(2)高蛋白的零食。

(3)口香糖（咀嚼口香糖以缓解升空不适）。

(4)止咳药片。

(5)旅行期间所需的所有药物。

(6)面部保湿霜。

(7)眼罩、耳塞或耳机。

(8)一件毛衣（可以当毯子或颈枕）。

3. 涂防晒霜。

4. 在飞机上避免喝酒精饮料。

5. 活动你的肌肉。

飞行测验

Task 1　Please remember the new words as quickly as you can. Write down the Chinese for each word.

1. request ＿＿＿＿＿＿＿＿＿＿＿＿＿＿＿＿＿＿＿＿＿＿＿＿＿

2. throughout ＿＿＿＿＿＿＿＿＿＿＿＿＿＿＿＿＿＿＿＿＿＿＿

3. adjust ＿＿＿＿＿＿＿＿＿＿＿＿＿＿＿＿＿＿＿＿＿＿＿＿＿

4. symptom ＿＿＿＿＿＿＿＿＿＿＿＿＿＿＿＿＿＿＿＿＿＿＿＿

5. disembark ＿＿＿＿＿＿＿＿＿＿＿＿＿＿＿＿＿＿＿＿＿＿＿

6. thermometer ＿＿＿＿＿＿＿＿＿＿＿＿＿＿＿＿＿＿＿＿＿＿

Task 2　Listen and write the words you hear.

1. ＿＿＿＿＿＿＿＿＿＿＿＿＿＿＿＿＿＿＿＿＿＿＿＿＿＿＿＿＿

2. ＿＿＿＿＿＿＿＿＿＿＿＿＿＿＿＿＿＿＿＿＿＿＿＿＿＿＿＿＿

3. ＿＿＿＿＿＿＿＿＿＿＿＿＿＿＿＿＿＿＿＿＿＿＿＿＿＿＿＿＿

4. ＿＿＿＿＿＿＿＿＿＿＿＿＿＿＿＿＿＿＿＿＿＿＿＿＿＿＿＿＿

5. ＿＿＿＿＿＿＿＿＿＿＿＿＿＿＿＿＿＿＿＿＿＿＿＿＿＿＿＿＿

6. ＿＿＿＿＿＿＿＿＿＿＿＿＿＿＿＿＿＿＿＿＿＿＿＿＿＿＿＿＿

Task 3　Listen and fill in the blanks of each sentences.

1. Excuse me, do you still ＿＿＿＿＿＿＿ meals in flight these days?

2. Do you offer ＿＿＿＿＿＿＿ also?

3. I'm sorry sir, but you cannot ＿＿＿＿＿＿＿ your mask in cabin.

4. I have a ＿＿＿＿＿＿＿ of negative COVID-19 tests within 24 hours.

5. For your own safety concern, and according to the _____ of Chinese Health Department, please wear your mask during the whole flight.

Task 4　Read and try to translate the sentences in Task 3.

1. _____
2. _____
3. _____
4. _____
5. _____

Task 5　Listen and try to complete the dialogue.

Security Check in Pandemic Period

P1: Excuse me, do you still offer meals __1__ these days?

FA: Yes, we do. The lunch will be __2__ in 10 minutes.

P1: That's great! I was worried because I forget to __3__ for this long journey. By the way, do you __4__ sanitizer also?

FA: Yes of course. I'll bring it for you.

P1: Thank you.

FA: You are welcome.

FA: I'm sorry sir, but you cannot remove your __5__ in cabin.

P2: I can't __6__ with it. And I have a proof of __7__ COVID-19 tests within 24 hours.

FA: Sorry sir. For your own safety concern, and according to the requirements of Chinese Health Department, please wear your mask during the whole flight.

P2: Fine.

FA: Thank you for your cooperation.

课后拓展

Please make a dialogue according to the following information.

1. A passenger is coughing violently.
2. Another passenger whose seat is in front of him is very nervous.
3. The flight attendant needs to deal with this situation.

Task 4　美好旅程，你我共建
Unruly Passengers

任务描述

A passenger who fails to respect the rules of conduct at an airport or on-board or not to follow the instructions of the airport staff or crew members and thereby disturbs the order and discipline can be taken as an unruly passenger.

Safety and security are considered as the airline industry's top priorities. However disruptive passengers have, over the past several years, become more prevalent and unruly passenger incidents are currently a very real and serious threat to both safety and security.

分层任务单

主题：飞机起飞前/飞行中，当出现扰乱性乘客时，乘务员的处理方法	
必选任务	向地面机组报告扰乱性乘客造成的安全事件
可选任务	1. 处理乘客诉求 2. 安抚其他乘客情绪
职业目标	1. 培养学生处理突发情况的能力 2. 培养学生良好的法治意识与职业责任感

任务实施

向地面机组报告机上骚乱

About half an hour before landing, a drunk passenger became agitated because he was refused more wine. He began to be aggressive and scream and it took three cabin crew members and other passengers to restrain him. His wrists were eventually tied to a seat by the seat belt, but he did not calm down. The captain is informing the local police to meet the plane on arrival and to arrest the passenger.

大约在着陆前半小时，一名喝醉的乘客变得焦躁不安，因为他要求提供更多的酒，但被拒绝。他开始变得富有攻击性并开始尖叫。三名机组人员和其他乘客联手才将他制服。他最终手腕被缚，被绑在座位上，但并没有平静下来。机长正在通知当地警方在飞机到达时接机并逮捕此乘客。

对话演练

对话：安抚情绪激动的旅客，防止冲突升级

P1：I wonder if you'd mind keeping your child's feet off the seat in front？It is very difficult for me.

您可以让您孩子把脚从前面的座位拿开吗？我非常不舒服。

P2：Uh，sorry. But he is just a child.

哦，抱歉。但是他只不过是个孩子。

P1：Yes，he is，but his parents have the responsibility to show him the right behavior in public area.

他虽然是孩子，但是父母有责任教给他在公共场所注意举止。

P2：Excuse me？Are you implying I don't know how to teach my kid？

什么？你在指责我不会管教我的孩子吗？

(The quarrel upgrades and the two passengers are agitated)

(争吵逐渐升级，两位乘客越来越激动)

FA：Excuse me sir and madam，would you please calm down and let me know what had happened？

抱歉，这位先生和女士。请两位冷静一下，发生了什么事？

P1：Her child kept stepping his feet on my seat and she refused to apologize.

她孩子老是踩我的座位，而她拒绝道歉。

P2：He has no right to judge how I educate my child!

他没有权利评判我怎么管教我的孩子！

FA：I am sorry about the situation. （to P1）Sir, I know how hard it is when you want to have a quiet flight. If you don't mind, I can change you a window seat which is in front of the cabin, is it OK for you?

很遗憾发生这种状况。（对P1）先生，我理解您的感受，抱歉没有给您提供一个安静的环境享受旅程。如果您同意的话，我可以帮您把座位调到客舱前部的靠窗位置，请问可以吗？

P1：That would be great! Thank you so much.

太好了！谢谢。

FA（to P2）：Madam, may I bring your child some cookies and hot milk so that he can fully enjoy himself? We also have some cartoon films in our recreational system, and you can choose one and play it for him.

女士，我可以给您的孩子拿一些饼干和牛奶吗？他吃点东西可能会开心一些。我们机上的娱乐系统里有动画片，您也可以给孩子播放。

P2：Okay. That would be fine.

好的。就这么办吧。

FA：Thank you for your understanding. Now please get seated and fasten your seatbelts. We're having a small turbulence now.

感谢您两位的理解。现在请就座，并系好安全带。我们正在经历一个小型气流颠簸。

学习评价

姓名：　　　　　　　　组别：

学习过程	学习评价			综合得分	收获与改进
	自我评价（20%）	小组评价（30%）	教师点评（50%）		
课前预习					
课中实施					
课后拓展					

注：评价标准见附录。

高频语句

1. Excuse me, would you please calm down and let me know what had happened?

抱歉，请冷静一下，发生了什么事？

2. I am sorry about the situation.

很遗憾出现这种状况。

3. I know how hard it is when you want to have a quiet flight.

我理解您的感受，抱歉没有给您提供一个安静的环境享受旅程。

4. If you don't mind, I can change you a window seat which is in front of the cabin, is it OK for you?

如果您同意的话，我可以帮您把座位调到客舱前部的靠窗位置，请问可以吗？

5. I'm terribly sorry. It's been so busy. What can I get you?

非常抱歉，刚才太忙了。您需要点什么？

6. It's very annoying to experience a delay. I do understand your feelings, sir.

航班延误的确令人烦躁。我理解您的感受，先生。

7. Please accept my sincere and unreserved apology for any inconvenience this may have caused you.

对于由此给您带来的任何不便，请接受我诚挚的歉意。

专业词汇

1. **agitated** /ˈædʒɪteɪtɪd/ *adj.*　showing in your behavior that you are anxious and nervous 焦虑不安的；激动的

2. **aggressive** /əˈɡresɪv/ *adj.*　angry, and behaving in a threatening way; ready to attack 好斗的；挑衅的；侵略的；富于攻击性的

3. **restrain** /rɪˈstreɪn/ *v.*　to stop somebody/something from doing something, especially by using physical force（尤指用武力）制止，阻止，管制

4. **arrest** /əˈrest/ *v.*　to seize someone by legal authority and take him into custody 逮捕

5. **calm down** *v.*　平静；平复

6. **unreserved** /ˌʌnrɪˈzɜːvd/ *adj.*　complete and without any doubts 完全的；彻底的；无保留的

拓展小贴士

Levels of Threat and Interventions
（安全威胁等级及干预措施）

International Civil Aviation Organization (ICAO) has defined a four-tier threat level hierarchy. They are as follows：

• Level 1——Disruptive behavior（verbal）；

• Level 2——Physically abusive behavior；

• Level 3——Life-threatening behavior (or display of a weapon)；

• Level 4——Attempted or actual breach of the flight crew compartment.

Intervention strategies vary with the Level of Threat and are initially intended to defuse the situation and prevent an escalation in the threat level. To be effective, all personnel involved in the prevention chain described above should be trained in areas such as：

• Communication skills/Customer service skills；

• Conflict management skills/ Verbal social skills；

• Team skills；

• Dealing with persons under the influence of drugs/alcohol/suffering from mental health issues.

If the problem is detected on the ground and cannot be resolved to the full satisfaction of the operator nominated responsible person(s), carriage should be denied or, if the threat level warrants, intervention by security or police personnel should occur.

In addition to the aforementioned areas of training, cabin crew should also be instructed in the following:

• How to limit service (e.g, when/how to stop serving alcohol);
• Physical break away and controlling skills;
• Restraint device training;
• Restrained passenger welfare.

国际民用航空组织(ICAO)定义了一个四级威胁等级。它们是：

• 一级——破坏性行为（口头）；
• 二级——身体虐待行为；
• 三级——威胁生命的行为（或展示武器）；
• 四级——试图或实际闯入机组人员机舱。

干预策略因威胁级别而异，最初的目的是缓和局势，防止威胁级别升级。为了有效预防，所有参与上述预防链的人员都应接受以下领域的培训：

• 沟通技巧/客户服务技巧；
• 冲突管理技能/口头社交技能；
• 团队技能；
• 与受毒品/酒精影响或有精神健康问题的人打交道。

如果在现场检测到问题，但无法使运营商指定的负责人完全满意，则应拒绝运输，或者在威胁级别允许的情况下，应由保安或警察人员进行干预。

除了上述培训外，客舱机组人员还应接受以下培训：

• 如何限制服务（例如，何时/如何停止供应酒精）；
• 身体分离和控制技能；
• 约束装置训练；
• 乘客福利受到限制。

飞行测验

Task 1 Please remember the new words as quickly as you can. Write down the Chinese for each word.

1. agitated _____

2. aggressive _____

3. restrain _____

4. arrest _____

5. calm down _____

6. unreserved _____

Task 2　Listen and write the words you hear.

1. _____
2. _____
3. _____
4. _____
5. _____
6. _____

Task 3　Listen and fill in the blanks of each sentences.

1. I'm _____ sorry. It's been so busy. What can I get you?

2. Oh dear, that's not heated. It's our _____.

3. It's very _____ to experience a delay.

4. Please accept my sincere and unreserved _____ for any _____ this may have caused you.

5. May I bring you something to _____ ?

Task 4　Read and try to translate the sentences in Task 3.

1. _____
2. _____
3. _____
4. _____
5. _____

Task 5　Listen and try to complete the dialogue.

Comforting the upset passengers

P1: Excuse me, we've been __1__ for a long time. We finished eating 20 minutes ago.

FA: Oh, I'm terribly sorry. It's been so busy. What can I get you?

P2: I'm sorry, I can't eat this meal, it's cold!

FA: Oh dear, that's not __2__. It's our fault. Let me take it away for you and see if I can get you __3__ immediately.

P3: Why can't you __4__ the air conditioner? I'm freezing here!

FA: I'm sorry, madam, but the air conditioning system cannot be switched off in cabin. May I bring you a blanket?

P4: When will we take off? It's been an hour already!

FA: It's very annoying to experience __5__. I do understand your feelings, sir. Please accept my sincere and unreserved apology for any inconvenience this may have caused you. We are still waiting for the instruction from the __6__ and will take off as soon as we get it. May I bring you something to drink?

课后拓展

Work in pairs or groups of three. Role-play a situation. Use your own ideas and follow this format.

Flight attendant	Passenger(s)
Say hello to passengers.	Reply.
Explain problem.	Respond.
Thank passengers and make an offer.	Say thanks.

项目二

客舱服务（Cabin Service）

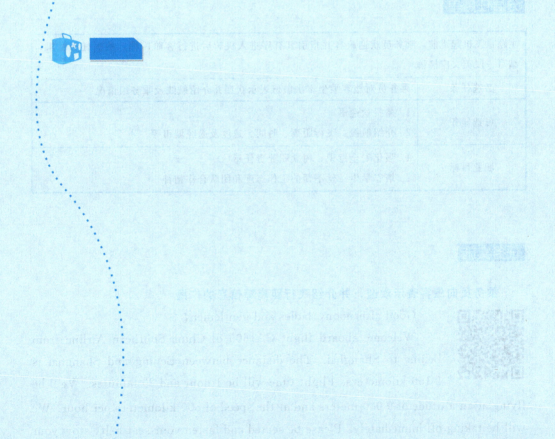

Task 1　微笑问好，喜迎客到
Welcome Announcement

任务描述

After arriving at the door of the plane, passengers board the aircraft orderly following the instructions of flight attendants. Most passengers may not be familiar with the cabin announcement. Before the take-off, the cabin attendants will pick up the speakers for passengers on safety announcements.

分层任务单

主题：飞机起飞前，乘务员欢迎旅客并指引其有序进入机舱后进行客舱广播。根据任务要求，编写一段英文广播稿	
必选任务	乘务员对旅客乘坐本次航班表示欢迎并介绍航线及乘务组情况
可选任务	1. 播报欢迎语 2. 介绍航线：飞行距离、时间、速度及途经城市等
职业目标	1. 强化安全意识，树立职业责任感 2. 培养学生一丝不苟的工作态度和团队合作精神

任务实施

乘务员向旅客表示欢迎，并介绍飞行距离等信息的广播

Good afternoon, ladies and gentlemen,
Welcome aboard flight CA1605 of China Southern Airline from Beijing to Shanghai. The distance between Beijing and Shanghai is 1 160 kilometers. Flight time will be 1 hour and 20 minutes. We'll be flying at an altitude of 9 000 meters and at the speed of 800 kilometers per hour. We will be taking off immediately. Please be seated and fasten your seat belt, stow your

tray table. Please don't use your mobile phones or certain electronic devices on board at any time. If you need any assistance, please don't hesitate to ask a flight attendant. Wish you have a pleasant journey.

Thank you!

女士们、先生们，下午好！

欢迎您乘坐南方航空公司由北京飞往上海的 CA1605 次航班。由北京到上海的空中飞行距离为 1 160 千米（公里）。预计空中飞行时间是 1 小时 20 分钟，巡航高度为 9 000 米，飞行速度平均每小时 800 千米（公里）。飞机正在滑行，很快就要起飞。请您在座位上坐好，系好安全带，收起小桌板。飞机飞行期间请勿使用手机等电子通信设备。如您需要帮助，请及时联系乘务人员。祝您旅途愉快。

谢谢！

对话演练

对话 1：旅客询问航班相关信息

(Air Europe, Flight SQ827)

（欧洲航空公司，SQ827 次航班）

(P＝passenger, FA＝flight attendant)

FA: Excuse me, sir. What can I do for you?

您好，先生。有什么可以帮您的？

P: I wonder how long it will take to Paris?

我想知道多久可以到巴黎？

FA: Usually around 5 hours and 20 minutes.

通常5个小时20分钟左右。

P：What time will we arrive?

那我们什么时间能够到达？

FA：We are estimated to arrive at Paris Charles de Gaulle Airport around 13:25.

航班预计会在13:25左右抵达戴高乐机场。

P：Is there any time difference between two places?

两个地方有时差吗？

FA：Yes. There is a six-hour time difference.

是的。有六小时时差。

P：Thank you very much.

非常感谢！

FA：You are welcome.

不客气。

对话2：帮助旅客缓解乘机不适

P：Excuse me, Miss. Is there any smoking section on board? I'm not feeling well. I want to smoke for relaxing.

乘客：您好，女士。飞机上有吸烟区吗？我感觉不舒服，想抽根烟缓解一下。

FA：I'm sorry to hear that, sir. But this is a non-smoking flight. I'd like to introduce you some ways to relieve your stress.

乘务员：很抱歉，先生。我们是无烟航班。我来告诉您一些缓解不适的方法，希望能帮到您。

P：That will be great.

乘客：那太好了。

FA：Please close your eyes and breathe deeply to keep calm, then you will feel better.

乘务员：请您闭上眼睛，深呼吸，保持心情平静。一会您就会感觉好一些。

P：Let my try. Thank you very much.

乘客：好的，我试一下。非常感谢。

FA：How do you feel now?

乘务员：您现在觉得好点了吗？

P：It really works. By the way, can you help me to loose the seat belt. It's too tight.

乘客：确实有效。顺便问一下，您能帮我松一下安全带吗，它太紧了。

FA：Of course. Just slip the belt into the buckle and pull the belt. You can adjust this side.

乘务员：当然可以。您可以把安全带插件扣环打开，然后拉动安全带到舒适位置。这一端是可以调整的。

P：Oh, it's very kind of you.

乘客：哦，您的服务太周到了。

FA：It's my duty to serve you. Please press that button if you need any assistance.

乘务员：为您服务是我的职责。您还有什么需要，请按这个按钮。

P：OK. Thank you.

乘客：好的，谢谢。

FA：You are welcome.

乘务员：不客气。

学习评价

姓名：　　　　　　　　组别：

学习过程	学习评价			综合得分	收获与改进
	自我评价（20%）	小组评价（30%）	教师点评（50%）		
课前预习					
课中实施					
课后拓展					

注：评价标准见附录。

高频语句

1. Ladies and gentlemen, welcome aboard China Southern Airlines Flight CZ3571.

女士们、先生们，欢迎乘坐南航 CZ3571 航班。

2. Ladies and gentlemen, attention, please.

女士们、先生们，请注意！

近似表达 Ladies and gentlemen, may I have your attention, please.

3. The plane will take off soon.

我们即将起飞。

近似表达 We will take off immediately.

4. The air distance from Beijing to Chengdu is 1 900 kilometers, and it will take 1 hour and 40 minutes.

从北京到成都的空中航线距离是 1 900 千米，需要飞行 1 小时 40 分钟。

5. We are glad to have you on board.

我们很高兴您乘坐本次航班。

6. If there is anything we can do for you, please don't hesitate to call us.

如果有什么需要我们帮忙的，请随时联系我们。

近似表达 If you need any assistance, please feel free to let us know.

7. We hope you will all have a pleasant trip.

我们衷心希望您旅途愉快。

8. It's our duty to serve you well.

为您服务是我们的职责。

专业词汇

1. **kilometer** /kɪˈlɒmɪtə(r)/ *n.* 千米；公里

2. **altitude** /ˈæltɪtjuːd/ *n.* the height above sea level 海拔；海拔高度；高程

3. **fasten** /ˈfɑːsn/ *v.* to close or join together the two parts of sth.; to become closed or joined together（使两部分）系牢；扎牢；结牢；扣紧

4. **stow** /stəʊ/ *v.* to put sth. in a safe place 妥善放置；把⋯收好

5. **assistance** /əˈsɪstəns/ *n.* help or support 帮助；援助；支持

6. **hesitate** /ˈhezɪteɪt/ *v.* to be slow to speak or act because you feel uncertain or nervous（对某事）犹豫，迟疑不决

7. **estimate** /ˈestɪmeɪt/ *v.* to form an idea of the cost, size, value 估价；估算

8. **relieve** /rɪˈliːv/ *v.* to remove or reduce an unpleasant feeling or pain 解除，减轻，缓和（不快或痛苦）

9. **loose** /luːs/ *v.* to make sth. loose, especially sth. that is tied or held tightly 松开，放开（尤指束紧或紧握的东西）

10. **buckle** /ˈbʌkl/ *n.* a piece of metal or plastic used for joining the ends of a belt or for fastening a part of a bag, shoe, etc.（皮带等的）搭扣，锁扣

11. **China Southern Airline** 中国南方航空公司

12. **electronic devices** 电子设备

13. **Air Europe** 欧洲航空公司

14. **time difference** 时差

15. **smoking section** 吸烟区

16. **non-smoking flight** 无烟航班

拓展小贴士

Who will be the announcer?
（谁能担任机上广播员？）

The cabin announcement is usually announced by the cabin manager or the purser on board. In special circumstances it can also be announced by the flight attendant whose announcement is on the top class of the crew members. The announcement of introducing the flight route, salutatory and landing must be announced by the cabin manager or the purser.

广播词一般由客舱经理或乘务长在机上广播，特殊情况也可由乘务组中广播词最高级别的乘务员担任广播员。注意，航线及服务介绍广播、还礼广播和落地广播等，须由客舱经理或乘务长进行播报。

飞行测验

Task 1 Please remember the new words as quickly as you can. Write down the Chinese for each word.

1. altitude _____
2. stow _____
3. fasten _____
4. loose _____
5. buckle _____
6. time difference _____

Task 2 Listen and write the words you hear.

1. _____
2. _____
3. _____
4. _____
5. _____

Task 3 Listen and fill in the blanks of each sentences.

1. Is there any _____ on board?
2. I'd like to tell you some ways to _____ your stress.
3. Can you help me to _____ the seat belt. It's too tight.

4. Just slip the belt into the _____ and pull the belt.

5. It's my duty to serve you. Please press that _____ if you need any assistance.

Task 4 Read and try to translate the sentences in Task 3.

1. _____
2. _____
3. _____
4. _____
5. _____

Task 5 Listen and try to complete the dialogue.

P: May I go to the __1__ now?

FA: Sorry, sir. The plane is __2__. You must keep seated and __3__ your seat belt.

P: Will it take a long time?

FA: Not a long time.

P: How long will it take to fly from Guangzhou to Beijing?

FA: It will be __4__ and 15 minutes.

P: Where will we __5__ over?

FA: We will be passing over the Provinces of Hebei, Henan, Hunan and Guangdong.

P: Thanks.

FA: You are welcome.

课后拓展

Please translate the following sentences into Chinese.

1. Welcome aboard! I'm so glad to sever you!

2. May I help you to arrange your seat?

3. Your seat number is on the edge of the rack, please take the assigned seat.

4. Please put your baggage into the compartment orderly. Thank you !

5. To insure the safety and keep balance, please take your seat according to your seat number.

Task 2　畅饮一杯，心旷神怡
Beverage Service

任务描述

Beverage service will be provided during the cruising time. Kinds of drinks are available on the aircraft. There are five kinds of basic drinks, including juice (apples and orange juice), alcohol, tea, coffee and mineral water, which are available in all types of aircraft.

分层任务单

主题：飞行中，为旅客提供饮品是乘务员的主要任务之一。请根据任务要求，编写一段英文广播或对话	
必选任务	乘务员为旅客提供各种饮品（免费或者付费）
可选任务	1. 乘务员播放饮品服务广播 2. 旅客要求提供饮品 3. 提供软饮料（可乐、雪碧、芬达、矿泉水等）、茶和酒 4. 提供付费饮品
职业目标	培养学生爱岗敬业、一丝不苟的职业精神

任务实施

Ladies and gentlemen, good morning!

We are going to offer you all kinds of drinks soon. Please put down your tray table in front of you and straighten up your seat back for the convenience of the passenger behind you. We provide coffee, tea, mineral water, orange juice, coke, sprite, yogurt and so on for free. Some alcoholic drinks such as brandy, vodka, scotch, beer and baileys are needed to pay extra fare. You may choose what you like. Please don't hesitate to call us if you have any special diet requirement. Enjoy your trip. Thank you!

　　女士们、先生们，早上好！

　　我们将为您提供饮品服务。请您放下面前的小桌板，并调整座位方便后方旅客享用饮品。本航班免费提供的各类软饮料有咖啡、茶、矿泉水、橙汁、可乐、雪碧和酸奶等。付费酒水有白兰地、伏特加、苏格兰威士忌、啤酒和百利甜酒等，请您根据需要自行选择。如果您对饮品有其他特殊要求，请联系乘务人员。我们将竭尽全力为您服务。谢谢！

对话演练

对话 1：为乘客提供茶水

（P＝男乘客，FA＝女乘务员）

FA：Excuse sir. What can I do for you?

先生，您好。有什么需要吗？

P：I am a little thirsty. Could you please bring me some drink?

我有点口渴，有什么喝的吗？

FA：We have alcoholic and soft drinks, which do you prefer?

我们有含酒精类饮品和软饮料，请问您想喝什么？

P：A cup of jasmine tea, please. Thank you.

一杯茉莉花茶。谢谢。

FA：I'm sorry that we don't have jasmine tea on board today. How about oolong?

很抱歉。今天飞机上没有提供茉莉花茶。乌龙茶可以吗？

P：That's OK.

乌龙茶也可以。

FA：Thank you for your understanding. I will offer you it shortly.

非常感谢您的理解。我马上给您泡茶。

P：Never mind.

不客气。

对话2：乘务员为乘客提供付费酒水

FA：Hello, sir. Can I help you?

您好，先生。有什么可以帮您的？

P：Do you have any aperitifs on board?

飞机上有开胃酒吗？

FA：Yes. We have cocktail, brandy, vodka, scotch, beer and baileys. What do you like best?

是的。我们有鸡尾酒、白兰地、伏特加、苏格兰威士忌、啤酒和百利甜酒。您想喝哪个？

P：Are all the drinks free?

这些酒水都是免费的吗？

FA：No, sir. All the soft drinks are free to passengers while bar service is free to first class and business class passengers.

不是。所有的软饮料都是免费的，部分酒水只对头等舱和商务舱旅客免费。

P：Well, what if I would like to have some wine?

好吧，那我想喝杯酒可以吗？

FA：It is also available to economy class passengers at a reasonable price.

当然，酒水有售，价格也合理。

P：OK. A glass of brandy, please. By the way, do you have ice cream?

好的。我要一杯白兰地，谢谢！顺便问一下，你们有冰激凌吗？

FA：Sorry, sir. We don't have ice cream on board. But I will add some ice to your brandy if you like.

很抱歉，先生。飞机上没有冰激凌。但是如果您需要，我可以给白兰地里加点冰块。

P：That's wonderful. It's very nice of you. Thanks a lot.

那太好了。非常感谢。

FA：You're welcome. It's my pleasure.

不客气。为您服务是我的荣幸。

学习评价

姓名：　　　　　　　　　组别：

学习过程	学习评价			综合得分	收获与改进
	自我评价（20％）	小组评价（30％）	教师点评（50％）		
课前预习					
课中实施					
课后拓展					

注：评价标准见附录。

高频语句

1. 乘务员询问乘客饮品需求的表达：Here is the wine list. We will take your order in a while.

或者：May I have your order?

What would you like to drink?

Do you need any drinks?

Would you care for something to drink?

2. 乘务员向乘客介绍饮品类型时会说：We have both cold drinks and hot drinks, such as, coffee, tea, juice, coke, beer and cock-tail.

还可以说：We are offering soft drinks and alcoholic drinks. Which do you prefer?

3. 饮料服务要充分考虑到乘客的口味，可用以下句式进行询问，如 Would you like some ice with your drink?

相关表达有：Would you like cream or sugar with your coffee?

4. 乘务员送饮品时的表达：May I put the cup on the table in case it spills on

your laptop.

或者：Could I put the glass on the table in case it spills on your coat.

5. 乘客续杯时，可以用以下表达：Is it OK to have another glass of juice?

或者 Could I have one more cup of juice?

6. 乘务员介绍付费饮品时的表达有：All the soft drinks are free to passengers while bar service is free to first class and business class passengers.

以及：It is also available to economy class passengers at a reasonable price.

专业词汇

1. **thirsty** /ˈθɜːrsti/ *adj.* needing or wanting to drink 渴的；口渴的

2. **alcoholic** /ˌælkəˈhɑːlɪk/ *adj.* connected with or containing alcohol 酒精的；含酒精的

3. **jasmine** /ˈdʒæzmɪn/ *n.* a plant with white or yellow flowers with a sweet smell, sometimes used to make perfume and to flavor tea 茉莉

4. **oolong** /ˈʊlɒŋ/ *n.* a kind of dark-coloured China tea 乌龙茶

5. **aperitif** /əˌperəˈtiːf/ *n.* a drink, usually one containing alcohol, that people sometimes have just before a meal（餐前）开胃酒

6. **cocktail** /ˈkɒkteɪl/ *n.* a drink usually made from a mixture of one or more spirits 鸡尾酒

7. **brandy** /ˈbrændi/ *n.* a strong alcoholic drink made from wine 白兰地（酒）

8. **vodka** /ˈvɒdkə/ *n.* a strong clear alcoholic drink, made from grain, originally from Russia 伏特加（原产于俄国的烈性酒）

9. **free** /friː/ *adj.* costing nothing 不收费的

10. **reasonable** /ˈriːznəbl/ *adj.* not too expensive 不太贵的；公道的

11. **soft drinks** 软饮料

12. **first class** 头等舱

13. **business class** 商务舱

14. **economy class** 经济舱

拓展小贴士

Drinks on the plane
（飞机上的饮品常识）

The flight attendants usually provide drinks, such as coke, juice, water, tea, coffee and other soft drinks upon request while passengers are eating main course. First and business class passengers can freely enjoy alcoholic drinks like champagne as aperitif, and some also offer spirits such as vodka, rum and whiskey. The space on the plane is closed and narrow, while the air is dry. Passengers are prone to hypoxia and losing water. Lack of water can make passengers feel more tired during the journey. The first choice of beverage on board is natural mineral water, which can replenish both water and oxygen. Followed by green tea, low in calories, more water, can be a good way to alleviate water shortage. Pure fruit juices and red wine are the third option. Travelers are advised to drink less coffee. Because caffeine is diuretic and accelerates the displacement, resulting in a large amount of water and nutrition loss at the same time. Besides it is easy to make people excited, which cause people feel tired and affect passengers' rest.

乘务员通常在旅客吃主菜时根据其需要提供酒水、雪碧、可乐、果汁、水、茶和咖啡等软饮料。头等舱和商务舱旅客可以免费品尝香槟等含酒精饮品作为开胃酒，有些也提供伏特加、朗姆酒、威士忌等烈酒。飞机上空间封闭、狭小，空气干燥，旅客容易缺氧和缺水。缺水会使旅客在旅途中感到疲劳。飞机上首选的饮料就是天然矿泉水，矿泉水中含有氧，既可以补水，又可以补氧。其次是绿茶，热量低、水分多，能够很好地缓解缺水状态。纯果汁和红酒可作为第三类选择。建议旅客少饮用咖啡。因为咖啡因利尿，会加速水分的排出，在造成水分和营养大量流失的同时，也容易引起人的亢奋，从而让人感到疲劳，影响旅客休息。

飞行测验

Task 1　Please remember the new words as quickly as you can. Write down the Chinese for each word.

1. soft drink _____
2. alcoholic drink _____
3. reasonable _____

4. aperitif _____

5. free _____

6. vodka _____

7. business class _____

8. economy class _____

Task 2   Listen and write the expressions you hear.

1. _____
2. _____
3. _____
4. _____
5. _____

Task 3   Listen and fill in the blanks of each sentences.

1. It is also available to _____ passengers at a _____ price.

2. Do you have any _____ on board?

3. I am a little _____. Could you please bring me some drink?

4. We have cocktail, brandy, _____, scotch, beer and baileys.

5. I'm sorry that we don't have _____ tea on board today. How about oolong?

Task 4   Read and try to translate the sentences in Task 3.

1. _____
2. _____
3. _____
4. _____
5. _____

Task 5   Listen and try to complete the dialogue.

FA: Excuse me, sir. What would you like to drink?

P: What have you got?

FA: We have cold and hot drinks. Which would you __1__?

P: A cup of __2__, please.

FA: How do you like your tea, with __3__?

P: I'd like to have my tea with sugar please.

FA: Well, wait a moment, please. I will put the tea on your table __4__ spilling on your coat.

P: It's very kind of you.

FA: Not at all. Anything more?

P: Er. I'm a little hungry. When will you serve dinner?

FA: Please wait a moment. We will serve you __5__ soon.

P: May I have another cup of orange juice?

FA: Of course.

课后拓展

Translate the following sentences into Chinese.

1. What would you like to drink, Madam? Coffee, fruit juice or hot tea?

2. On today's flight, we will provide you with cold drinks, mineral water, fruit juice and Cola. The hot drinks like coffee, black tea and hot water are also available.

3. Excuse me, sir, do you need any more drinks?

4. We don't accept any tips. It's our duty to serve the passengers. Thank you.

5. I'm awfully sorry. We don't have coffee on board now. Would you like to try some green tea?

Task 3 空中美食，匠心之作
Meals On-board

任务描述

The beverage service on board is quite different from it on the ground, and meal providing is also different. In some cases, hot towels should be provided to passengers first, and main course service goes next. Special meals can be ordered within 24 hours before boarding. Airlines have also been trying to improve the quality of meals on-board.

分层任务单

主题：飞机巡航中，乘务员为旅客提供餐食服务。请根据以下任务要求，编写一段英文广播或对话

必选任务	乘务员适时为旅客提供用餐服务
可选任务	1. 播放用餐服务广播 2. 询问旅客用餐需求 3. 为旅客提供预定的特殊餐食/旅客提出特殊用餐需求 4. 免费用餐/付费用餐 5. 提供正餐/快餐 6. 用餐完毕，回收清理
职业目标	1. 培养学生的职业精神 2. 培养学生生命至上、安全第一的责任意识

任务实施

乘务人员向旅客介绍餐食的广播

Ladies and gentlemen, good morning/afternoon/evening!
We will provide you with breakfast/lunch/supper/fruits/light meal. Mean-

while, we have prepared sweet chili sauce/yellow pepper sauce/ Sichuan chili sauce for your choice. Please put down you tray table. We will serve you lunch at 11:30 a.m. If there is anything we can do for you, please do not hesitate to contact us.

Hope you have a pleasant journey. Thank you!

女士们、先生们，早上/上午/中午/下午/晚上好！

稍后我们为您提供____（早点/午餐/晚餐/果品/简餐）服务，同时我们还配备了甜辣酱/黄椒酱/川味辣椒酱供您搭配。请协助我们放下您的小桌板。我们将在11:30为您提供午餐服务。如果您需要帮助，请随时告诉我们，乘务组非常乐意为您服务。

祝您旅途愉快！谢谢！

对话演练

对话1：乘务员向旅客提供午餐服务

（P＝passenger，FA＝flight attendant）

FA：Excuse me, Madam. Lunch is coming. Please put down the tray table.

乘务员：女士，您好。为方便用餐，请放下小桌板。

P：Ah! I'm really starving now. What's for Lunch?

乘客：啊，我确实有点饿了。午餐有什么？

FA：Chinese food or western food? Which one do you prefer?

乘务员：中餐和西餐，您需要哪一种？

P：Well, western food, please.

乘客：西餐吧，谢谢！

FA：We have pasta, fish, steak and roast beef. Which one do you want?

乘务员：我们提供意大利面、鱼肉、牛排和烤牛肉，您想吃点什么？

P：Medium rare steak will be fine.

乘客：七分熟的牛排。

FA：Would you like some drinks to go with your steak?

乘务员：您想喝点什么呢？

P：A cup of coffee, please.

乘客：一杯咖啡。

FA：How would you like your coffee, with milk or sugar?

乘务员：咖啡需要加牛奶或者糖吗？

P: No, please make it very strong. Thanks.

乘客：不用加。我想喝一杯浓咖啡。

P: Excuse me. May I have an extra helping when I'm done?

乘客：请问我吃完后可以再要一份吗？

FA: Well, I need to serve all the passengers first.

乘务员：我发完所有餐食后如果有剩余的一定给您。

P: All right. Thank you.

乘客：好的，谢谢！

FA: You are welcome.

乘务员：不客气。

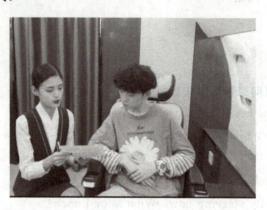

对话2：乘务员为旅客提供特殊餐食

（P＝passenger, FA＝flight attendant）

P1: Excuse me, Miss.

乘客1：您好，女士。

FA: Yes? Can I help you?

乘务员：有什么可以帮您的？

P1: I ordered Muslim meal.

乘客1：我定了穆斯林餐。

FA: Yes, Madam. Please wait a minute.

乘务员：好的，女士。请稍等。

P2: Excuse me, Miss. I heard the meal service announcement. I'm a vegetarian. Do you have vegetarian meal for me?

乘客2：你好，女士。我刚刚听了广播，我是素食者，有我的素食餐吗？

FA: Have you applied the special meal when booking the ticket?

乘务员：您订购机票时，提交了特殊餐食申请吗？

P2：No, I forgot. I'm sorry for that.

乘客 2：没有，我忘记了，真不好意思。

FA：I'm very sorry. There are no more vegetarian food left for you. Well, we have tins of vegetarian, will it be OK?

乘务员：很抱歉，没有多余的素食餐了。我们有素食罐头，可以吗？

P2：All right. Thank you.

乘客 2：可以的，非常感谢。

FA：That's all right. I suggest you should order a special meal when you book the ticket.

乘务员：不客气。我建议您以后订票时预定好特殊餐食。

P2：Thank you for your kindness.

乘客 2：感谢你的温馨提示。

FA：You are welcome.

乘务员：乐意为您效劳。

学习评价

姓名：　　　　　　　组别：

学习过程	学习评价			综合得分	收获与改进
	自我评价（20%）	小组评价（30%）	教师点评（50%）		
课前预习					
课中实施					
课后拓展					

注：评价标准见附录。

专业词汇

1. **tin** / tɪn / *n.* 罐头，罐头盒

2. **vegetarian** /ˌvedʒəˈteəriən/ *n.* a person who does not eat meat or fish 素食者，素食主义者

3. **remind** /rɪˈmaɪnd/ *v.* to help sb remember sth. especially sth important that they must do 提醒，使（某人）想起

4. **convenience** /kənˈviːniəns/ *n.* the quality of being useful, easy or suitable for sb 方便，便利

5. **adjust** /əˈdʒʌst/ *v.* to change sth. slightly to make it more suitable for a new set of conditions or to make it work better 调整，调节

6. **hesitate** /ˈhezɪteɪt/ *v.* to be slow to speak or act because you feel uncertain or nervous（对某事）犹豫，迟疑不决

7. **prefer** /prɪˈfɜː(r)/ *v.* to like one thing or person better than another；to choose one thing rather than sth. else because you like it better 较喜欢；喜欢…多于…

8. **pasta** /ˈpæstə/ *n.*   an Italian food made from flour, water and sometimes eggs, formed into different shapes and usually served with a sauce 意大利面食

9. **steak** /steɪk/ *n.*   a thick slice of good quality beef 牛排

10. **make every effort** 尽力

11. **western food** 西餐

12. **in case** 万一

13. **special diet** 特殊餐食

14. **roast beef** 烤牛肉

15. **tray table** 小餐桌

16. **medium rare steak** 七分熟的牛排

17. **Muslim meal** 穆斯林餐

高频语句

1. 用餐服务前，乘务员会要求乘客调整座椅并放下小桌板。
Could you please straighten up your seat and put down your tray table?
请将您的椅背调直并放下小桌板。
近似表达有：Would you please sit straight and open your tray table?

2. 询问顾客时可以说：
What would you like for dinner? We have Chinese food and western food.
您想吃什么？我们提供中餐和西餐。
相关表达有：We have chicken with rice and beef with noodles. Which one would you prefer?
或者 What do you prefer, steak or fish?

3. 当乘客申请加餐时，可以说：

May I have another helping of rice?

我可以再要一份米饭吗?

近似表达有:Could I have an extra bun and salad?

Is it possible for me to have an extra pasta?

4. 遇到对用餐有特殊要求的乘客,乘务员应该首先询问乘客订票时,是否做过备注说明或已经预定。

Have you mentioned your requirement when you booked the ticket?

请问您在订票时说明您的用餐要求了吗?

近似表达有:Have you ordered the special meal when booking the flight?

5. 用餐结束后,乘务员要收回包装和垃圾袋。

Excuse me, sir. May I clear up your table now?

近似表达有:Hello, sir. Could I clear up the table now?

拓展小贴士

Airline food has a bad rap, but it doesn't completely deserve it. When we fly at high altitude, we simply can't taste as much. The main reason is the low humidity in the airplane cabin, which causes our sinuses to dry out. The humidity is kept around 4% to prevent corrosion inside the plane. According to some estimates, we can lose up to 30% of our sense of taste in such conditions. At the same time, the low humidity dries out food very quickly, which robs it of flavor. The noise of the jet engines does not help either. It has been proven that loud noises can reduce appetite.

With all these factors, even food that tastes good on the ground will not taste good in the air. Moreover, since there is no room to prepare food on a plane, it all has to be prepackaged and frozen on the ground and then reheated before serving. By the time it gets to the passenger, it has been through a lot procedures.

航空餐食一直好评不多,但也情有可原。当飞机在高海拔飞行时,人们的味觉受到了影响。主要是因为机舱湿度低,导致我们的鼻窦干燥。机舱内湿度保持在4%左右,是为了防止飞机内部腐蚀。在这种情况下,我们的味觉可能会丧失30%左右。同时,低湿度会使食物很快变干,失去原有的味道。而喷气发动机的噪音也被证明会降低人的食欲。由于这些因素,即使食物在地面上很好吃,在高空中也会大打折扣。此外,由于飞机上没有空间准备食物,所有食物都必须预先包装,并在地面上冷冻,然后在上桌前重新加热。当它送达乘客面前时,其实已经历了很多程序。

飞行测验

Task 1 Please remember the new words as quickly as you can. Write down the Chinese for each word.

1. western food _____
2. tray table _____
3. medium rare steak _____
4. coffee with milk _____
5. order _____
6. vegetarian _____
7. book _____
8. tin _____

Task 2 Listen and write the expressions you hear.

1. _____
2. _____
3. _____
4. _____
5. _____

Task 3 Listen and fill in the blanks of each sentences.

1. We have pasta, fish, steak and _____ beef. Which one do you want?
2. Would you like some _____ to go with your steak?
3. May I have an _____ helping when I finish this one?
4. I ordered _____ meal.
5. I heard the meal service _____.

Task 4 Read and try to translate the sentences in Task 3.

1. _____
2. _____
3. _____
4. _____
5. _____

Task 5 Listen and try to complete the dialogue.

FA: Excuse me, sir. Please put down your tray table. Dinner is coming.

P: Ah! I'm really starving now.

FA: What would you like?

P: I have no idea. Could you ___1___ some to me?

FA: Do you want to eat Chinese food or western food?

P: Western breakfast, please.

FA: Would you like to have some ___2___?

P: OK. What kind of hors d'oeuvres do you have?

FA: We have ___3___, salad and so on.

P: I'd like to eat some salad.

FA: OK, and what would you like to follow? How about the ___4___?

P: What have you got?

FA: We have fish, chicken, roast beef and pork. Which would you ___5___?

P: Steak, please.

课后拓展

Dialogue:

A: Excuse me, sir. What would you like to eat, Chinese food or western food?

B: I'd like to have some Chinese food.

A: Please put down the table in front of you. It's more comfortable that way.

B: Oh, thank you. So nice you are.

A: It's my pleasure. What would you like to drink, milk, tea, coffee, orange juice, or iced water?

B: I want a cup of bean milk.

A: Yes, here you are. Enjoy your meal.

B: Thanks a lot.

Please recite the dialogue and play the roles of A and B.

Task 4 乘客无小事,座椅要舒适
Seat Exchange

任务描述

Airlines allow passengers to reserve seats when checking in. When passengers confirm or ask to switch their seats, flight attendants should communicate patiently and solve the problem.

分层任务单

主题:乘务员帮助旅客确认座位。当旅客请求调换座位时,乘务员要耐心协调。请根据主题和必选任务、可选任务的要求,编写一段英文对话	
必选任务	1. 帮助旅客确认座位 2. 乘务员了解旅客特殊需求,并提供帮助
可选任务	1. 协助旅客调换座位 2. 询问旅客调换座位的原因
职业目标	培养学生的团队合作意识、飞行安全意识和服务意识

对话演练

对话 1:帮乘客找座位

(FA=flight attendant,P=passenger)

FA:Good morning. Welcome aboard! What can I do for you?

乘务员:早上好,欢迎乘机!有什么可以帮到您的吗?

P1:Good morning. Could you help me with my seat?

乘客1:早上好,您能帮我确认一下我的座位吗?

FA:Yes, may I see your boarding pass, please.

乘务员:好的,我可以看一下您的登机牌吗?

P1:Here you are.

乘客1：给您。

FA：The seat number is 32A. It's in the middle row of the cabin, a window seat. I'd like to show you the seat. Follow me, please.

乘务员：您的座位号是32A。在客舱中间位置，是个靠窗座位。请跟我来，我带您去找座位。

P1：How nice of you.

乘客1：您的服务太周到了。

FA：Could I help you with your luggage?

乘务员：需要我帮您拿行李吗？

P1：No, thanks. I can manage it.

乘客1：不，谢谢。我能拿动。

(When they get there, however, they find that the seat has been occupied by a woman.)

FA：Excuse madam. May I have your boarding card, please?

乘务员：您好，女士。我能看一下您的登机牌吗？

P2：Yes. Here it is.

乘客2：好的。给您。

FA：I'm afraid you may have taken a wrong seat. This is 32A, but your seat number is 33A. The seat number is shown along the edge of the overhead rack.

乘务员：您恐怕坐错了位置。这里是32A，您的位置是33A。座位号都写在放行李的舱壁上。

P2：Oh, I'm sorry. I move at once.

乘客2：抱歉。我马上换。

FA：Do you need any help?

乘务员：您有什么需要帮助的吗？

P2：Yes. I don't know where I should put my overcoat. It's easy to be creased. I have to hold it in my hand.

乘客2：是的。我不知道该把外套放在哪里。这件衣服很容易褶皱。现在不得不一直拿在手里。

FA：Do you mind if I hang it in the wardrobe in the front of the cabin?

乘务员：您介意我把它挂在机舱前面的衣柜里吗？

P2：No, thanks a lot. It's very kind of you.

乘客2：不介意，太感谢了。

FA：It's my pleasure.

乘务员：不客气。很乐意为您效劳。

对话 2：帮乘客调换座位

(A young man wants to sit with his wife who is pregnant.)

P1: Excuse me, Miss?

您好，女士。

FA: Yes. What can I do for you?

您好，有什么需要帮助的吗？

P1: I want to sit together with my wife in 7B. She is pregnant. Could you help me to change a seat?

我想和我妻子坐在一起。她的座位是7B。她怀孕了。您能帮我调换座位吗？

FA: Well, wait a minute, please. Let me try to talk with the lady beside your wife to change the seat with you.

好的，稍等一下。我试着询问一下她旁边的那位女士。

FA: (to that lady) May I trouble you for a moment, Madam? This young man would like to sit next to his wife beside you. She is pregnant and needs him to take care of. Would you mind exchanging seats with him?

女士，打扰您了。这位先生想和您换座位，坐在他妻子旁边。他妻子怀孕了，这样方便照顾。您介意和他换座位吗？

P2: No problem.

没问题。

FA: Thank you, and sorry for the trouble.

非常感谢。很抱歉给您带来麻烦。

P2: Never mind.

没关系。

对话 3：帮乘客确认紧急出口旁的座位须知

(FA comes up to an over-wing exit. She talks to the passenger sitting next to the over-wing exit.)

FA: Excuse me, Miss. You are sitting next to an emergency exit.

您好，女士。您坐在紧急出口旁边，请悉知。

P3：Oh, is there any difference with other seats?

哦，这个座位和别的座位有什么不同吗？

FA：Yeah, in an emergency, passengers sitting next to it should open the exit according to the instructions of the captain.

是的，出现紧急情况时，坐在紧急出口旁的乘客需要协助乘务员根据机长指令打开紧急出口。

P3：Wow, I'm afraid I can't. I've never done it before.

哇哦，我可能做不到。我从来没有过这样的经历。

FA：Well, I can exchange the seat for you if you want.

好的，如果您愿意，我帮您调换座位。

P3：Really? That will be great. Thanks a lot.

真的吗？那样太好了，非常感谢。

FA：You are welcome.

不客气。

学习评价

姓名：　　　　　　　　　组别：

学习过程	学习评价			综合得分	收获与改进
	自我评价（20%）	小组评价（30%）	教师点评（50%）		
课前预习					
课中实施					
课后拓展					

注：评价标准见附录。

高频语句

1. 乘客需要帮助时可以说：

Excuse me, Miss. Could you help me with my seat?

打扰了，女士。我需要您的帮助。

近似表达有：Excuse me. I need your help.

2. 乘务员首先要查看旅客的登机牌，确认座位，并给出指引。

May I have your boarding pass, please?

我可以看一下您的登机牌吗？

近似表达有 Could I see your boarding card?

3. 旅客要求调换座位时，可以这样表达：

Could I change my seat to another one?

我可以换到其他座位吗？

近似表达有：I wonder if I could switch my seat.

或者 May I move towards the middle of the aircraft?

4. 当乘务员发现旅客坐错位置时，可以这样提示：

I'm afraid you may have taken a wrong seat.

恐怕您坐错座位了。

相似表达：I'm afraid you are sitting in the wrong seat.

5. 乘务员可以这样回答：

You may switch to another unoccupied seat once everyone is on board and seated.

等乘客全部登机就座后，您可以换到其他空座位上。

或者 I will see if there is any vacant seat.

6. 乘务员与其他旅客沟通时，可这样询问：

The man over there wants to sit with his wife beside you.

那边座位的男士想和他妻子坐一起，所以想和您换个座位。

近似表达有：The man over there wonders whether it is all right to sit with his wife next to you.

7. 乘务员确认紧急出口位置的座位时：

You are sitting next to an emergency exit.

您坐在紧急出口位置的座位上。

或者：You sit at the emergency exit row.

专业词汇

1. **row** /rəʊ; raʊ/ *n.*　a number of people standing or sitting next to each other in a line; a number of objects arranged in a line 一排；一列；一行

2. **luggage** /ˈlʌɡɪdʒ/ *n.*　bags, cases, etc. that contain sb.'s clothes and things when they are travelling 行李

3. **edge** /edʒ/ *n.*　the outside limit of an object, a surface or an area; the part furthest from the centre 边；边缘；边线；边沿

4. **overhead** /ˌəʊvəˈhed/ *adv.*　above your head; in the sky 在头上方；在空中

5. **crease** /kriːs/ *n.*　lines that are made in cloth or paper when it is crushed or folded 折痕

6. **hang** /hæŋ/ *v.*　to attach sth, or to be attached, at the top so that the lower part is free or loose 悬挂；吊

7. **wardrobe** /ˈwɔːdrəʊb/ *n.*　a large cupboard for hanging clothes in which is either a piece of furniture or (in British English) built into the wall 衣柜；衣橱

8. **pregnant** /ˈpreɡnənt/ *adj.*　having a baby or young animal developing inside her/its body 怀孕的；妊娠的

9. **exchange** /ɪksˈtʃeɪndʒ/ *v.*　to give sth to sb. and at the same time receive the same type of thing from them 交换；交流；调换

10. **instruction** /ɪnˈstrʌkʃn/ *n.*　something that sb. tells you to do 指示；命令；吩咐

11. **captain** /ˈkæptɪn/ *n.*　the person in charge of a ship or commercial aircraft 船长；机长

12. **boarding pass**　登机牌

13. **seat number**　座位号

14. **next to**　紧挨着

15. **over-wing exit**　机翼紧急出口

16. **emergency exit**　紧急出口

拓展小贴士

What do the seat numbers consist of?
（座椅编号由什么构成？）

The cabin seat number consists of rows and letters. The seat number on the boarding pass is arranged alphabetically first followed by Arabic numerals, usually in left-to-right order. For example, C33 indicates seat C in row 33. It will be shown on your ticket when you buy it. Airplanes are generally divided into first class, business class and economy class. Economy seats, which take up about three-quarters of the space between the center and the end, are slightly spaced.

客舱座椅编号由纵向的排数和横向的编号字母组成。登机牌上的座位号字母在前，阿拉伯数字在后，字母的顺序一般按照由左往右的顺序。例如，C33 表示座位号为 33 排的 C 号。购买机票时，机票上都会显示。飞机一般分为头等舱、商务舱和经济舱三种。经济舱的座位设在靠中间到机尾的地方，大约占机身空间的四分之三，座位间距离略窄。

经典案例

如何选择合适的机舱座位？

1. 前排座位优点：靠近机舱进口，上下方便，送餐快。前排位置能够保证机上休息，不受影响，适合长时间旅行者。缺点：相对空间较小。

2. 机舱中部座位优点：颠簸小、运行相对平稳，相比较头尾起伏较小，适合容易晕机的人。缺点：上下不方便，容易受其他乘客的打扰。

3. 靠窗座位优点：可以欣赏美丽的风景。缺点：进出不方便，更适合短途旅行。

4. 靠过道座位优点：进出方便，不会打扰到其他乘客休息。缺点：人流量大，容易受来往乘客和餐车的打扰。

5. 紧急出口座位优点：空间大，遇到问题紧急撤离比较快。缺点：更适合年轻力壮的乘客，便于打开紧急出口。

飞行测验

Task 1 Please remember the new words as quickly as you can. Write down the Chinese for each word.

1. overhead _____
2. instruction _____
3. boarding pass _____
4. row _____
5. exchange _____
6. edge _____
7. emergency exit _____
8. crease _____

Task 2 Listen and write the expressions you hear.

1. _____
2. _____
3. _____
4. _____
5. _____

Task 3 Listen and fill in the blanks of each sentences.

1. May I see your _____, please.
2. The _____ is 32A. It's in the middle row of the cabin, a window seat.
3. Could I help you with your _____?
4. Do you mind if I _____ it in the wardrobe in the front of the cabin?
5. I want to sit together with my son in 24B. Could you help me to _____ a seat?

Task 4 Read and try to translate the sentences in Task 3.

1. _____
2. _____
3. _____
4. _____
5. _____

Task 5 Listen and try to complete the dialogue.

FA: Excuse me. Would you please be __1__ and fasten your seat belt?

P: Oh, I'm sorry. I can't do it. Can you please show me how to __2__ the seat belt?

FA: Of course. You'd better slip the belt into the __3__ and you can adjust this side.

P: I see. It's very nice of you.

P: Must I __4__ the seat belt at all time?

FA: Please securely fasten your seat belt when the seat belt sign illuminates.

P: OK, when will we __5__ at International Airport of Xianyang?

FA: We will arrive at International Airport of Xianyang at about 2 p.m..

P: Thanks a lot.

课后拓展

Please make a dialogue according to the following information.

1. The plane will take off.
2. One of the passengers is still walking on the plane.
3. The flight attendant needs to persuade him/her.
4. To keep balance, please go back to your seat.
5. For your safety, please sit down immediately.

Task 5 "空淘"也欢乐
Duty-free Sales

任务描述

Some passengers usually like to buy the duty-free goods during the flight. Airlines are constantly innovating their duty free offerings in response to the changing needs of passengers. Today, we start to learn how to help passengers and what kind of duty-free goods will you suggest if a passenger asks for your advice.

分层任务单

主题：旅客在飞行期间会购买一些物美价廉的免税商品。请根据要求，编写一段英文对话	
必选任务	1. 乘务员向旅客介绍机上免税品 2. 乘务员了解旅客需求，并为其提供选项 3. 旅客向乘务员询问免税商品
可选任务	1. 介绍免税商品 2. 介绍汇率 3. 帮助乘客选择合适的免税商品
职业目标	1. 培养学生的责任心 2. 增强团队协作能力

任务实施

乘务员介绍免税品购买的广播

Ladies and gentlemen,

Good morning. We will start our in-flight Duty-free service soon. You can find all the Goods Catalog which provides all product information in the seat pocket. You can select in advance and we will assist

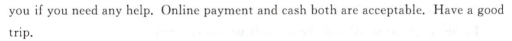

you if you need any help. Online payment and cash both are acceptable. Have a good trip.

Thank you!

女士们、先生们：

早上好！我们即将开始机上免税服务，您可在座椅后背的口袋中寻找到列有所有商品的商品目录，请您提前选择，如有任何需要，请联系机组人员，网络支付或现金支付均可。祝您旅途愉快。

谢谢！

对话演练

对话1：乘务员询问旅客是否需要购买免税商品

(P＝passenger，FA＝flight attendant)

P：Excuse me，Miss. I want to buy something as a gift.

您好，女士。我想买点东西当礼物。

FA：Yes. What do you need? We have a wide selection on board today.

好的。您想买点什么。今天的商品种类很多。

P：Well，I'd like to buy a gift for my daughter. Could you recommend something?

我想给我的女儿买一份礼物。您有什么推荐的吗？

FA：Sure. How old is she?

当然可以。您女儿多大了？

P：She is 20 years old and she is a college student now.

她今年20岁，在上大学。

FA：OK. How about skin-care products, cosmetics, sunglasses, watches or silk scarves?

好的。护肤品、化妆品、太阳镜、手表或者真丝围巾都可以，您觉得呢？

P：I would like to buy some skin-care products. Do you have something to recommend?

我想买个护肤品。您有什么可以推荐的吗？

FA：How about the face cream of ××?

我觉得××品牌的面霜不错。

P：It sounds great. Let me have a look.

听起来不错。我看一下。

FA：Of course. It's extremely mild and well moisture.

当然可以。这款面霜很温和，保湿性也很好。

P：Is it expensive?

这个贵吗？

FA：It's 480 RMB today.

今天的价格是480块钱。

P：Can I have a discount?

能打个折吗？

FA：I'm sorry. All the items provided on board are at market prices without tax.

很抱歉。飞机上的所有商品都是免税后的价格。

P：OK. I'll take it.

好的。我买这个。

FA：How would you like to pay, cash or online payment?

请问您怎么支付？现金还是线上支付？

P：Would you accept WeChat?

可以用微信支付吗？

FA：Yes, of course.

当然可以。

P：OK. I will scan to pay.

好的。我来扫码支付。

FA：Thank you. Enjoy the flight.

谢谢！祝您旅途愉快！

对话2：旅客主动询问免税商品

（P＝passenger，FA＝flight attendant）

P：Excuse me，Miss. What kind of scarves do you have? I want to buy it for myself.

您好，女士。围巾都有哪些款式？我想给自己买一条。

FA：Yes. We have silk and woolen scarves?

好的。我们有真丝和纯羊毛围巾，您需要哪种？

P：Silk ones will be better. May I have a look?

真丝的更好。我可以看一下吗？

FA：Well，Let me show you. It's the pure silk scarf with Suzhou embroidery.

好的，我给您拿。这是一条有苏绣的真丝围巾。

P：Wow. It's amazing. How much is it?

哇，太好看了。这条多钱？

FA：80 dollars.

80美元。

P：Sounds reasonable.

听起来很合理。

FA：Yes. Would you like to pay in cash or by credit card?

是的。您怎么支付？现金还是信用卡？

P：Cash. Here it is.

现金，给您。

FA：Here is your change.

这是找零。

学习评价

姓名：　　　　　　　　　组别：

学习过程	学习评价			综合得分	收获与改进
	自我评价（20%）	小组评价（30%）	教师点评（50%）		
课前预习					
课中实施					
课后拓展					

注：评价标准见附录。

高频语句

1. Would you like to buy some on-line duty-free goods?

您想购买免税商品吗？

乘客也可以这样询问：Do you sell duty-free items on board?

2. 乘务员可以推荐旅客翻看宣传册，选择所需商品。

You can find the Goods Catalog which provides all product information in the seat pocket.

如果您有意购买免税商品，您可以翻看椅背口袋里的商品目录表。

近似表达：You'd like to buy some duty-free items, just read the introduction in the seat pocket.

3. All the items are sold at marked prices without tax on the flight.

飞机上所有商品均按免税后的固定价格出售。

4. 乘客需要乘务员推荐商品时可以这样表达：Do you have something to recommend?

近似表达：Can you give me some advice?

5. Here is your change.

这是找零。

相关表达：Please keep the change.

专业词汇

1. **catalog** /ˈkætəlɒg/ *n.* 目录

2. **select** /sɪˈlekt/ *v.* to choose sb. /sth. from a group of people or things, usually according to a system 选择；挑选；选拔

3. **cash** /kæʃ/ *n.* money in the form of coins or notes/bills 现金

4. **acceptable** /əkˈseptəbl/ *adj.* able to be accept; suitable 可接受的；令人满意的

5. **selection** /sɪˈlekʃn/ *n.* the process of choosing sb. /sth. from a group of people or things, usually according to a system 选择；挑选；选拔

6. **recommend** /ˌrekəˈmend/ *v.* to tell sb. that sth. is good or useful, or that sb. would be suitable for a particular job, etc. 推荐；举荐；介绍

7. **scarf** /skɑːf/ *n.* a piece of cloth that is worn around the neck, for example for warmth or decoration 围巾；披巾；头巾

8. **extremely** /ɪkˈstriːmli/ *adv.* to a very high degree 极其；极端；非常

9. **discount** /ˈdɪskaʊnt/ *n.* an amount of money that is taken off the usual cost of sth. 折扣

10. **tax** /tæks/ *n.* money that you have to pay to the government so that it can pay for public services 税，税款

11. **woolen** /ˈwʊlən/ *adj.* 羊毛的

12. **embroidery** /ɪmˈbrɔɪdəri/ *n.* patterns that are sewn onto cloth using threads of various colors; cloth that is decorated in this way 绣花；刺绣图案；刺绣品

13. **reasonable** /ˈriːznəbl/ *adj.* fair, practical and sensible 公平的；合理的；有理由的

14. **change** /tʃeɪndʒ/ *n.* the money that you get back when you have paid for sth giving more money than the amount it costs 找回的零钱；找头

15. **duty-free** 免税的

16. **in advance** 提前

17. **online payment** 线上支付

18. **skin-care** 护肤的

19. **scan to pay**　扫码支付
20. **credit card**　信用卡

拓展小贴士

Tips for duty-free items on board
（机上免税品的购买小贴士）

Airlines post the duty-free products on their websites. Some airlines launch duty-free official websites with independent domain names. Passengers can order duty-free products on the airline's website and the special WeChat platform or phone before taking a flight. Available upon boarding.

How can passengers get a better deal if they fail to purchase in advance? Every year airlines have their own discount seasons, such as New Year, National Day, Mother's Day and so on. Passengers can follow the airlines' websites or WeChat official accounts to keep abreast of discount information. In addition, it is necessary to apply for a membership card. Membership card holders can also enjoy discounts during non-discount seasons.

航空公司的网站上都会有机上免税品介绍，有的航空公司还会推出有独立域名的免税品官网，乘客可在搭乘航班前的规定时间内，在航空公司的网站和机上免税品销售的专门微信平台订购，上飞机后即可取货。

乘客如果没有预购，怎么买更优惠呢？航空公司每年都有自己的折扣季，如新年、国庆节、母亲节等。乘客可关注航空公司的网站或者微信公众号，随时掌握优惠信息。除此之外，申请办理会员卡也很必要，持会员卡在非折扣季也能享受优惠。

飞行测验

Task 1　Please remember the new words as quickly as you can. Write down the Chinese for each word.

1. woolen _____
2. recommend _____
3. extremely _____
4. duty-free _____
5. embroidery _____

6. acceptable _____

7. catalog _____

8. change _____

Task 2 Listen and write the expressions you hear.

1. _____
2. _____
3. _____
4. _____
5. _____

Task 3 Listen and fill in the blanks of each sentences.

1. What do you need? We have a wide _____ on board today.

2. I would like to buy some skin-care products. Do you have something to _____?

3. I will _____ .

4. Would you like to pay in cash or by _____ ?

5. Here is your _____ .

Task 4 Read and try to translate the sentences in Task 3.

1. _____
2. _____
3. _____
4. _____
5. _____

Task 5 Listen and try to complete the dialogue.

P: I'm picking some gifts for my son.

FA: What kind of gifts do you want?

P: Actually, I have no idea. Do you have something to __1__?

FA: How about this flying model? It's cool and made of good __2__ that is not easily damaged.

P: That sounds great. Let me have a look.

FA: Of course. Here it is.

P: It is really __3__. How much is it?

FA: 40 dollars, sir.

P: Can I pay it with __4__?

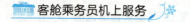

FA: Yes. Please __5__ and pay. Thank you!

课后拓展

Make a dialogue according to the information below and show it in class with your partner.

1. A wants to buy a bottle of perfume;
2. A asks the price, brand and capacity;
3. A asks when she/he can get the perfume;
4. B answers that the store will directly post it home.

Task 6　老少皆宜，欢乐随行
In-flight Entertainment Devices and Service

任务描述

Flying can make the travel quicker, but the hours sitting in the middle seat seem long. In this case, in-flight entertainment provides the passengers great flying experience.

分层任务单

主题：飞机飞行中，乘务员介绍机上娱乐设施，乘客询问娱乐项目，乘务员及时予以解答。请根据任务要求编写一段对话	
必选任务	1. 乘务员介绍机上娱乐设施 2. 乘客询问娱乐项目 3. 乘务员给予解答
可选任务	1. 乘客询问报纸/杂志/书籍等阅读媒介 2. 乘客询问音频和视频播放设备 3. 当音效或画面出现问题时，向乘务员求助
职业目标	以客为尊、顾客至上，激发学生敬业奉献、团结协作和真情服务意识

任务实施

广播词

Ladies and gentlemen,

In order to enrich your life on board, now we will be showing in-flight entertainment programs such as film, music and others. We hope you will enjoy them. Please use the headset in the seat pocket in front of you and choose channel which corresponds with the programs that you wish to watch. Please ask your cabin attendants for assistance. Thank you.

女士们、先生们：

为了丰富您在飞机上的生活，现在我们将向您介绍机上娱乐项目。您可以观看电影，欣赏音乐或其他节目。请选择您想观看的频道，并使用在您面前椅背口袋里的耳机。如需要帮助，请联系我们机组人员，谢谢。

对话演练

对话1：旅客询问机上娱乐服务相关信息

（P=passenger, FA=flight attendant）

P: Excuse me, Miss. I'd like do something to kill the boring flying time. What kind of entertainments your flight can provide?

乘客：您好，请问有什么可以打发时间的东西吗？

FA: Yes, we have different kinds of entertainment service, such as movie, music, newspapers, magazines and so on. Which would you prefer?

乘务员：本机提供电影、音乐、报纸、杂志等多种娱乐服务，请问您需要哪种？

P: What kind of items can I choose from screen on the seat back?

乘客：椅背后面的屏幕都有哪些项目？

FA: You can enjoy films, television programs, music and games.

乘务员：您可以看电影、欣赏电视节目、听歌或者玩游戏。

P: Do you provide noise reduction headphones?

乘客：请问你们有降噪耳机吗？

FA: We can offer it if you want.

乘务员：如果您需要，我们可以提供。

P: OK. I want noise reduction headphones to watch the film, thank you.

乘客：好的，请给我拿一副耳机，我想看电影，谢谢。

FA: Here you are. Enjoy yourself.

乘务员：给您，祝您观影愉快。

对话 2：旅客询问耳机音量问题

(P=passenger，FA=flight attendant)

FA：Did you call, madam?

乘务员：请问您刚才呼叫乘务员了吗，女士？

P：Oh yes. What's the matter with this thing?

乘客：对。这个东西出什么问题了吗？

FA：Your headset?

乘务员：您的耳机吗？

P：Yes. It doesn't have any sound.

乘客：是的，我听不到声音。

FA：I'm sorry about that. Please make sure that your headphones are plugged in properly.

乘务员：真抱歉。您看看耳机有没有插对接口？

P：Oh. They are in the right place, just not working.

乘客：插的是对的，但就是没有声音。

FA：Let me show you. First, press the volume button here and then press the up and down button. After that, you can enjoy the music.

乘务员：我给您演示一下。首先，请按住音量键，然后按上下键，您就可以享受音乐了。

P：Oh. That's it. Thanks a lot.

乘客：哦，原来是这样，谢谢。

FA：You are welcome.

乘务员：不客气。

· 81 ·

学习评价

姓名：　　　　　　　　　　　组别：

学习过程	学习评价			综合得分	收获与改进
	自我评价（20%）	小组评价（30%）	教师点评（50%）		
课前预习					
课中实施					
课后拓展					

注：评价标准见附录。

专业词汇

1. **entertainment** /ˌentəˈteɪnmənt/ *n.* films/movies, music, etc. used to entertain people 娱乐节目；表演会；娱乐活动

2. **item** /ˈaɪtəm/ *n.* one thing on a list of things to buy, do, talk about, etc. 项目

3. **screen** /skriːn/ *n.* the flat surface at the front of a television or computer, on which you see pictures or information 屏幕；荧光屏；荧屏

4. **headset** /ˈhedset/ *n.* a pair of headphones, especially one with a microphone attached to it（尤指带麦克风的）头戴式受话器，耳机

5. **plug** /plʌɡ/ *v.* to fill a hole with a substance or piece of material that fits tightly into it 堵塞；封堵

6. **properly** /ˈprɒpəli/ *adv.* in a way that is correct and/or appropriate 正确地；适当地

7. **volume** /ˈvɒljuːm/ *n.* the amount of sound that is produced by a television, radio, etc. 音量；响度

8. **in-flight magazines** 机上杂志

9. **kill the time**　消磨时间

10. **screen on the seat back**　座椅背面屏幕

11. **television program**　电视节目

12. **noise reduction headset**　降噪耳机

高频语句

1. 乘务人员询问乘客是否需要机上娱乐项目的表达有很多种，例如：

Would you like to do something to kill the time?

近似表达：What would you like to read, newspapers or magazines?

或者 We have in-flight entertainments, such as movies, music, magazines and some newspapers. Which one would you like?

2. 乘客需要帮助时，一般会说：

Excuse me, can you do me a favor?

近似表达：I'd be grateful if you could help me with...

或者 Hello, could you please help me to ...?

3. 当乘务人员了解乘客需求时，经常会用下列表达，例如：

Hello, sir. Did you press the call button? What can I do for you?

近似表达：Dear sir. I saw you wave hands? Can I help you?

4. 向乘客介绍机上娱乐项目：

We provide several kinds of movies: comedy, action, thriller, love story, tragedy and drama.

也可表达为：We have plenty of choices on the flight, ranging from pop music to opera.

5. 乘务员介绍机上娱乐设施的使用方法：

Just press the button on your armrest.

只需按一下您扶手上的按钮。

Put the plugs into your ears and press the button to select the channel you want.

把耳机戴上，然后按键选择您想看的频道。

You can adjust the screen brightness by pressing this button.

您可以按这个按钮来调节屏幕亮度。

相关表达：You can choose different kinds of music by pressing those buttons.

6. 对电子设备的使用产生疑问，可以说：

What's the matter with this thing?

7. 向乘客演示如何操作:
Don't worry. I'll show you.
不要担心,我来演示。
Press "menu" first, then "music".
点击菜单键,然后点击"音乐"选项。

拓展小贴士

Moving-map Systems
(动态地图)

A moving-map system is a real-time flight information video channel broadcast through to cabin project/video screens and personal televisions (PTVs). In addition to displaying a map that illustrates the position and direction of the plane, the system gives the altitude, airspeed, outside air temperature, distance to the destination, distance from the origination point, and origin, destination or local time. The moving-map system information is derived in real time from the aircraft's flight computer systems. The first moving-map system designed for passengers was introduced in 1982.

动态地图是指乘客可以通过飞机机舱前方或座位背面的屏幕实时观察飞机所处的位置。地图系统可以显示飞机当前的位置、航线、飞行速度、高度、舱外温度、风速、飞行时间、目的地距离、天气及当地时间等基本信息。动态地图从飞机内的计算机系统获得数据信息。第一个供乘客使用的动态地图系统是1982年推出的。

Audio Entertainment
(音频娱乐)

Audio entertainment covers music, as well as, news, information and comedy. In addition, there is sometimes a channel devoted to the plane's radio communications, allowing passengers to listen in the pilot's in-flight conversations with other planes and ground stations.

音频娱乐包括音乐、新闻、戏剧等。有些航班还允许乘客收听驾驶室内飞行员和其他飞机、地面控制台之间的电讯对话。

Video Entertainment

（视频娱乐）

Video entertainment is provided via a large video screen at the front of a cabin section, as well as smaller monitors situated every few rows above the aisles. Sound is supplied via the same headphones as those distributed for audio entertainment.

视频娱乐是飞行娱乐系统的重要组成部分。根据不同的飞机，视频可以显示在机舱前方的大电视上，或是机舱上方的可伸缩电视。而视频所搭配的音频，则需要乘客佩戴耳机收听。

经典案例

国航舱内无线局域网服务全面运营

2021年5月1日起，国航舱内无线局域网服务平台全面投入使用。旅客可通过具有 Wi-Fi 功能的移动个人电子设备（手机、平板电脑、笔记本电脑等）接入客舱局域网络，使用机上网络平台提供的信息、娱乐、航旅、交互等服务。国航现已完成359架飞机的舱内无线局域网改装，形成具备规模效应的舱内无线局域网机队。

作为机上娱乐矩阵的新平台，舱内无线局域网提供更加灵活多样的个性化选择，旅客可在个人移动端畅享娱乐体验。无论是在宽体机上与椅背点播系统并存，为旅客提供多屏娱乐选择，还是在窄体机上作为大舱视频节目的有益补充，舱内无线局域网都为国航机上娱乐服务注入新活力，从此改变了国内窄体机娱乐设施不足的局面。

国航机上网络平台联合近百家实力合作伙伴，为旅客打造全新娱乐服务体验。平台延续地面移动端用户使用习惯，设置电影、电视、短视频、游戏、阅读、音乐、目的地等栏目，为旅客提供高口碑的影片、综艺、纪录片、体育等各类娱乐节目。目的地栏目可以分航线满足旅客的个性化需求；国航的专属游戏让旅客在游戏娱乐中体验休闲式飞行服务；音乐歌单打造场景化音乐，为旅客提供轻松愉悦的音乐氛围。此外，平台设置英文频道，汇集经典外语电影、外语电视、探索中国等多种英文版特色节目，进一步提升国际旅客服务品质。

交互性是舱内无线局域网服务的一大亮点，平台的"SOU"功能搭建局域社交广场，旅客可分享自己喜欢的娱乐内容，不断发现其他旅客的兴趣爱好，并为分享者点赞、评论。

机上网络平台的节目内容进一步缩短更新周期，有效保证了娱乐内容的新鲜度。未来国航将持续完善平台运营流程，紧跟地面互联网热点和趋势，升级技术手段，不断迭代、创新平台产品，保持平台内容的"新鲜感"和"时效性"，通过数字化赋能客舱服务、机上娱乐服务，打造全新智慧客舱。

飞行测验

Task 1 Please remember the new words as quickly as you can. Write down the Chinese for each word.

1. screen _____
2. volume _____
3. properly _____
4. plug _____
5. entertainment _____
6. television program _____

Task 2 Listen and write the words you hear.

1. _____
2. _____
3. _____
4. _____
5. _____

Task 3 Listen and fill in the blanks of each sentences.

1. What would you like to read newspapers or _____?

2. You can adjust the _____ brightness by pressing this button.

3. Please make sure that your headphones are _____ in properly.

4. Put the plugs into your ears and press the button to select the _____ you want.

5. We provide several kinds of movies: comedy, action, thriller, love story, tragedy and _____.

Task 4 Read and try to translate the sentences in Task 3.

1. _____
2. _____
3. _____
4. _____

5. _____

Task 5　Listen and try to complete the dialogue.

P：Excuse me, Miss. Do you have any in-flight __1__ to kill the boring time?

FA：Of course, sir. We provide many kinds of __2__, such as movies, music, magazines and newspapers. Which one do you want?

P：Well, I want to watch a movie, do you have something to recommend?

FA：What kinds of movies do you like? Love or __3__?

P：I __4__ action ones.

FA：OK. How about IP Man?

P：That sounds great.

FA：Please put __5__ headphones into your ears and press the button to select.

P：Thanks. It's very nice of you.

FA：You are welcome. Enjoy yourself.

课后拓展

Translate the following sentences into Chinese.

1. You can adjust the volume by pressing this button up and down.
2. What's the matter with this screen?
3. What kinds of item I can choose from screen on the seat back?
4. Do you provide noise reduction headphones?
5. Let me show you how to adjust the brightness.

项目三

紧急情况处理（Emergencies）

Task 1 紧急迫降，化险为夷
Emergency Landing

任务描述

When emergency happens, the flight attendants need to tell passengers how to practice brace position and let helpers know what their responsibilities are. Passengers must evacuate orderly.

分层任务单

主题：飞机紧急迫降时，乘务员会播报防冲击姿势的说明，并为乘客演示防冲击姿势。请根据主题和必选任务、可选任务的要求，做好防冲击姿势的说明	
必选任务	乘务员为乘客演示防冲击姿势
可选任务	1. 防冲击口令：Heads down! Brace! 2. 援助者分工对话
职业目标	1. 强化安全意识，树立职业责任感 2. 培养一丝不苟的工作态度和团队合作精神

任务实施

乘务员播报应急处置广播：防冲击姿势说明

Ladies and gentlemen, the crew will now explain the brace position to you. The brace command is "Heads down! Brace!"

When you hear "BRACE FOR IMPACT", put your legs apart, place your feet keep flat on the floor. Cross your arms like this. Lean forward as far as possible, and hold the seat back in front of you, rest your face on your arms.

Remain in this position until you hear the command "UNFASTEN YOUR SEATBELTS".

女士们、先生们：现在乘务员将向您介绍防冲击姿势。防冲击姿势口令为："低头，弯腰。"

当您听到"抱紧，防撞"时，两脚分开用力蹬地，手臂交叉抓住前排椅背，收紧下颚，头放在两臂之间。

请大家保持这种姿势直至听到"解开安全带"的口令。

对话演练

乘务员说明援助者的分工

FA：Excuse me, I know you are firefighters. Could you be my helpers?

乘务员：打扰一下，我了解到你们是消防员。你们可以做我的援助者吗？

Helper 1：Of course. What can I do for you?

援助者1：当然。我能为您做些什么？

FA：First you need to block passengers until slide is fully inflated.

乘务员：首先你需要阻止乘客直至滑梯完全充气。

Helper 1：OK. Anything else?

援助者1：好的。其他呢？

FA：If I cannot open the door, please help me. If there is smoke, fire or obstruction, don't open it.

乘务员：如果我打不开机舱门，请帮助我。如果有烟、火苗或者障碍物，不要打开门。

Helper 1：I got it.

援助者1：知道了。

FA: Then you need to direct passengers to evacuate through other exits.

乘务员：然后你需要引导乘客从其他出口疏散。

Helper 2: That's OK. What else?

援助者2：好。还有其他的吗？

FA: You two jump the slide first and help passengers on both sides of the slide and direct them to run away from the plane.

乘务员：你们先从滑梯下，从两侧帮助乘客从飞机撤离。

Helper 2: That's really important.

援助者2：这很重要。

FA: If I'm injured, please take me away from the plane and repeat back.

乘务员：如果我受伤，请带我从飞机撤离再返回。

Helpers: We will try our best.

援助者：我们尽力。

FA: Thank you.

乘务员：谢谢

Helpers: It's my pleasure. / You are welcome.

援助者：我的荣幸。/ 不客气。

学习评价

姓名：　　　　　　　　　组别：

学习过程	学习评价			综合得分	收获与改进
	自我评价（20%）	小组评价（30%）	教师点评（50%）		
课前预习					
课中实施					
课后拓展					

注：评价标准见附录。

高频语句

1. Ladies and gentlemen, the crew will now explain the brace position to you.
女士们、先生们，现在乘务员将向您介绍防冲击姿势。

2. Remain in this position until you hear the command.
请大家保持这种姿势直至听到口令。

3. First you need to block passengers until slide is fully inflated.
首先你需要阻止乘客直至滑梯完全充气。

4. If there is smoke, fire or obstruction, don't open the door.
如果有烟、火苗或者障碍物，不要打开门。

5. You need to direct passengers to evacuate through other exits.
你需要引导乘客从其他出口疏散。

6. You two jump the slide first and help passengers on both sides of the slide and direct them to run away from the plane.
两位援助者先从滑梯下，从两侧帮助乘客从飞机撤离。

7. Please take me away from the plane and repeat back.

请带我从飞机撤离再返回。

专业词汇

1. **helper** /ˈhelpər/ *n.* a person who helps sb. to do sth. 援助者；帮手；助手

2. **inflate** /ɪnˈfleɪt/ *v.* to fill sth. or become filled with gas or air 使充气；膨胀

3. **obstruction** /əbˈstrʌkʃn/ *n.* something that blocks a road, an entrance, etc. 路障；障碍；障碍物

4. **evacuate** /ɪˈvækjueɪt/ *v.* to move people from a place of danger to a safer place（把人从危险的地方）疏散，转移，撤离

5. **slide** /slaɪd/ *v.* to move easily over a smooth or wet surface; to make sth. move in this way（使）滑行，滑动

  n. a structure with a steep slope that children use for sliding down 滑梯

6. **injured** /ˈɪndʒərd/ *adj.* physically hurt; having an injury 受伤的；有伤的

7. **brace position** 防冲击姿势

8. **keep flat** 平放

9. **lean forward** 前倾

10. **run away** 撤离

拓展小贴士

Posts of evacuating from the slide：

1. When evacuating from the slide, normal people should raise their arms flat, clench their fists lightly, or cross their arms and jump out from the cabin. When landing in the slide, the position of their arms remains unchanged. Keep your legs and heels close to the surface of the slide, keep your abdomen in and bend down to the bottom of the slide, then stand up and run away.

2. Passengers holding a child should hold the child in their arms and slide off the aircraft. Children, the elderly and the pregnant women should also slide off the plane in the same position as common people.

3. Disabled passengers can be evacuated by sliding or assisted by helpers according to their own conditions.

模块一 客舱服务英语

跳滑梯的姿势：

1. 普通旅客从滑梯撤离，应双臂平举，轻握拳头，或双手交抱臂从舱内跳出，落在梯内时手臂的位置不变。双腿及后脚跟紧贴梯面，收腹弯腰直滑到梯底，站起跑开。

2. 抱小孩的旅客，应把孩子抱在怀中，坐着滑下飞机。儿童、老人和孕妇也应坐着滑下飞机，但在梯面的姿势与正常人相同。

3. 伤残旅客，可根据自身的情况，坐滑或由援助者协助坐滑撤离。

飞行测验

Task 1 Please remember the new words as quickly as you can. Write down the Chinese for each word.

1. brace position _____
2. inflate _____
3. evacuate _____
4. keep flat _____
5. run away _____
6. injured _____
7. obstruction _____
8. lean forward _____

Task 2 Listen and write the words you hear.

1. _____
2. _____
3. _____
4. _____
5. _____

Task 3 Listen and fill in the blanks of each sentences.

1. I'd like to ask you something about the brace position you just __1__.
2. If you __2__ your arms, your safety can be ensured.
3. Are there any other things I need __3__ ?
4. That means I have to __4__ the ground firmly.
5. Finally you also need to __5__ your face on your arms.

Task 4 Read and try to translate the sentences in Task 3.

1. _____
2. _____
3. _____
4. _____
5. _____

Task 5 Listen and try to complete the dialogue.

Demonstrating Brace Position

C: Can I help you, madam?

P: I'd like to ask you something about __1__ you just demonstrated.

C: No problem. Go ahead!

P: Do I have to __2__ ?

C: Yes. If you cross your arms, your __3__ can be ensured.

P: Are there any other things I need to pay attention to?

C: At the same time, you must place your feet __4__ on the floor.

P: That means I have to push off the ground firmly.

C: Absolutely right. Finally you also need to __5__ on your arms.

P: OK, I got it. Thank you very much.

C: You are welcome.

课后拓展

You need to make dialogues according to the following information and demonstrate the brace position at the same time.

One student is the captain, another student is the purser, and other students are flight attendants. Each group needs to play the different roles of the situation and deal with emergency landing.

Task 2　火情之后，贴心安抚
Calming down Passengers

任务描述

Although aircrafts are said to be the safest transportation tool in the world, they may get into different emergencies. To release the worries of passengers, we have to make emergency announcement in the capacity of chief steward to inform the passengers of the situation.

分层任务单

主题：客舱内发生火情时，乘务员需要进行紧急情况广播，同时做好与个别乘客的沟通、安抚乘客情绪的工作。请根据必选任务和可选任务进行关于安抚旅客的对话	
必选任务	在紧急情况下，以乘务长/乘务员的身份进行客舱广播
可选任务	1. 客舱起火后，与旅客进行沟通 2. 客舱灭火后，与旅客进行沟通
职业目标	1. 培养学生崇高的职业责任感 2. 增强团队协作能力

任务实施

客舱发生紧急火情，乘务员进行紧急情况广播

Ladies and gentlemen,

We have encountered a minor fire in the (front /center/ rear) section of the cabin and we are quickly controlling this situation. Please keep calm and follow the instructions of the flight attendants. We will relocate passengers near the area of the fire. All the other passengers do remain in your seats with your seat belts securely fastened.

女士们、先生们：

现在客舱中有一处失火，乘务员正在组织灭火，请大家不要惊慌，听从指挥，我们将调整火源附近旅客的座位，其他旅客请在座位上坐好，系好安全带。

对话演练

对话1：旅客询问火情

（P＝passenger，FA＝flight attendant）

FA：Hello, lady. What can I do for you?

您好，女士。有什么可以帮您的？

P：Yes, I just smelled something burning. What's happening?

我刚刚闻到有烧焦的味道，发生什么事了？

FA：Just a minor fire broke out in the lavatory of rear cabin. Don't worry.

别担心，客舱的卫生间有一处失火。

P：I am so fearful of it.

好可怕。

FA：Just take it easy. It is under control.

别紧张，已经控制住了。

FA：Okay.

好吧。

对话2：安抚乘客情绪

P：Help! Help! Threr is a fire.

救命！救命！有火。

FA：Sorry, sir. Please keep calm. Our flight attendants are dealing with it.

抱歉，先生。请您保持冷静。我们的乘务员正在处理中。

P：Are we really safe on the plane?

我们在飞机上安全吗？

FA：Absolutely. The minor fire will soon be put out.

绝对安全。小火很快就会被扑灭。

P：What's the situation now?

现在火处于什么状态？

FA：Just a little smoke. So stay in your seat and relax.

就一点烟雾。请您坐在座位上并放松。

P：OK，thank you.

好的，谢谢。

学习评价

姓名：　　　　　　　　　组别：

学习过程	学习评价			综合得分	收获与改进
	自我评价（20％）	小组评价（30％）	教师点评（50％）		
课前预习					
课中实施					
课后拓展					

注：评价标准见附录。

高频语句

1. A minor fire has been broken out in the rear cabin.

我们的客舱尾部发生一起小型火灾。

2. Please keep calm and follow the instructions of flight attendants.

请您保持镇静，听从乘务员的指令。

3. Please remain seated and keep your seat-belts fastened.

请乘客留在原位，系紧安全带。

4. I just smelled something burning.

我刚刚闻到有烧焦的味道。

5. Just take it easy.

别紧张。

6. Our flight attendants are dealing with it.

我们的乘务员正在处理中。

7. The minor fire will soon be put out.

火很快就会被扑灭。

8. So stay in your seat and relax.

请您坐在座位上并放松。

专业词汇

1. **steward** /ˈstuːərd/ *n.*　a man whose job is to take care of passengers on a ship, an aircraft or a train and who brings them meals, etc.（轮船、飞机或火车上的）乘务员，服务员

2. **rear** /rɪə(r)/ *adj.*　at or near the back of sth. 后方的，背部的

3. **secure** /sɪˈkjʊr/ *adj.*　that cannot be affected or harmed by sth. 安全的

4. **minor** /ˈmaɪnər/ *adj.*　not very large, important or serious 较小的；次要的；轻微的

5. **lavatory** /ˈlævətɔːri/ *n.*　a toilet, or a room with a toilet in it 抽水马桶；厕所；卫生间

6. **fearful** /ˈfɪəf(ə)l/ *adj.*　terrible and frightening 可怕的；吓人的

7. **chief steward**　乘务长

8. **keep calm**　保持镇静

9. **take easy**　放松

10. **under control**　得到控制

11. **deal with**　处理

12. **put out**　扑灭

拓展小贴士

飞机上一旦发生火灾,不管是发生在空中还是地面,对于人员和财产安全来说都是一种威胁,机组人员必须保持联络和协调,力争在最短的时间内将其扑灭。基本处置程序:①寻找火源,确定火的性质。②切断电源。③取用相应的灭火器灭火,并穿戴好防烟面罩(做好自身的保护)。④向机长报告(如果条件允许,灭火和报告同时进行)。⑤收集所有的灭火设备到火场。⑥监视现场情况,保证余火灭尽,随时向机长报告现场情况。

飞行测验

Task 1 Please remember the new words as quickly as you can. Write down the Chinese for each word.

1. chief steward _____
2. minor _____
3. lavatory _____
4. keep calm _____
5. deal with _____
6. put out _____
7. fearful _____
8. rear _____

Task 2 Listen and write the words you hear.

1. _____
2. _____
3. _____
4. _____
5. _____

Task 3 Listen and fill in the blanks of each sentences.

1. It seemed that something is __1__.
2. Don't worry and it's just __2__.
3. Our __3__ will soon put it out.
4. You can __4__ and stay in seat.
5. Thank you __5__.

Task 4 Read and try to translate the sentences in Task 3.

1. _____
2. _____
3. _____
4. _____
5. _____

Task 5 Listen and try to complete the dialogue.

Calming down the Passengers

C: Can I help you, madam?

P: It seems that something is burning. What's __1__?

C: Oh, don't worry! Just a minor fire.

P: Do we need to __2__?

C: Absolutely not. Our flight attendants will soon __3__.

P: What can we do now?

C: You just keep calm and __4__.

P: OK. I got it.

C: Thank you for your __5__.

课后拓展

If there was a minor fire in the cabin, how would you comfort the passengers?

One student is the flight attendant and the other is the passenger. Please make a dialogue with your partner.

Task 3 客舱失压，沉着应对
Decompression

任务描述

When decompression happens, the cabin gets bright suddenly with natural light, and you can see much dust in the air by your eyes, and your ears begin to hurt. Due to decompression, the cabin will lose oxygen soon. In such a situation, flight attendants are required to make announcement on decompression and instruct passengers to use oxygen masks.

分层任务单

主题：客舱失压，需要立即进行客舱广播，并使用英语口令指导氧气面罩的使用	
必选任务	客舱失压广播
可选任务	1. 氧气面罩使用口令 2. 健康救助沟通
职业目标	1. 培养学生沉着冷静的品质 2. 增强团队协作能力

任务实施

客舱发生失压，乘务员进行紧急广播

Ladies and gentlemen,

Attention please! Our aircraft is now being depressurized. Please fasten your seat belts, pull down the oxygen mask, place it over your nose and mouth and breathe normally. The aircraft will have an emergency descent due to the decompression. Please follow the instructions of the flight attendants and remain calm.

女士们、先生们：

现在飞机客舱发生失压，请用力拉下头顶上方的氧气面罩，罩在口鼻处，进行正常呼吸。请您系紧安全带。飞机将紧急下降，大家不要惊慌，听从乘务员指挥。

对话演练

失压对话（Sudden Loss of Cabin Pressure）

Purser：Ladies and gentlemen, our plane has reached the safety altitude. All the passengers can put off your oxygen masks according to your own condition and fasten your seat belt. Cabin attendants need to check whether passengers around you are safe or not.

CA1：I'm No. 1 cabin attendant. Nobody was hurt or injured in my area and the cabin door nearby is in good condition.

Purser：I got it. Thank you.

CA2：I'm No. 2 cabin attendant. I found a passenger in the lavatory. I used oxygen mask for her. She is good in health.

Purser：OK. Ladies and gentlemen, thank you very much for your cooperation. Everyone can follow our instructions, pull down the oxygen mask and put it on. Thank you again.

乘务长：女士们、先生们，我们的飞机已到达安全高度。请所有旅客根据自己的身体状况摘下氧气面罩，请系好安全带。空乘人员检查旅客受伤情况。

乘务员1：我是1号乘务员，我所在区域无人员伤亡，舱门完好无破损。

乘务长：收到，谢谢！

乘务员2：我是2号乘务员，我在卫生间发现一名乘客，已供氧，健康状况稳定。

乘务长：收到。女士们、先生们，非常感谢你们的配合。每位乘客都能听从乘务人员指令，拉下氧气面罩并戴上。再次感谢！

学习评价

姓名：　　　　　　　　组别：

学习过程	学习评价			综合得分	收获与改进
	自我评价（20%）	小组评价（30%）	教师点评（50%）		
课前预习					
课中实施					
课后拓展					

注：评价标准见附录。

高频语句

1. We have difficulty in controlling the cabin pressure.

我们控制座舱增压有难度。

2. Oxygen masks have dropped from the compartment above your seats.

您座椅上方的氧气面罩已掉落。

3. There is any change in the pressure.

客舱发生失压。

4. We have a slow cabin decompression.

我们的座舱在释压。

5. If you are traveling with a child, attend to yourself first and then the child.

如果您与儿童相邻而坐，请先戴好自己的氧气面罩然后为儿童佩戴。

6. We have a problem with the avionics ventilation system.

我们的电子通风系统有问题。

专业词汇

1. **decompression** /ˌdiːkəmˈpreʃn/ *n.*　the reduction of the force on something that is caused by the weight of the air. 减压

2. **depressurize** /diːˈpreʃəraɪz/ *v.*　to reduce the pressure of a gas inside (a container or enclosed space), as in an aircraft cabin 使（飞机机舱）减压

3. **compartment** /kəmˈpɑːrtmənt/ *n.*　one of the separate parts of an object that is used for keeping things in. 隔间

4. **avionics** /ˌeɪviˈɑːnɪks/ *n.*　the electronic devices in an aircraft or a spacecraft 航空（或航天）电子设备

5. **attend**　处理；照料

6. **oxygen masks**　氧气面罩

7. **drop down**　掉落

8. **pull down**　向下拉

9. **ventilation system**　通风系统

10. **pressure**　压力

拓展小贴士

9条小贴士帮助飞机乘客缓解情绪紧张

做好心理准备

飞行前和飞行途中都有一些缓解心理压力的基本方法。第一便是做好心理准备，当您认识到自己的恐惧不是建立在现实上时，您就不会那么紧张。

做好计划

登机之前，您可以做一个"恐慌计划"。计划好自己准备在飞机上要做的事，比如看电影、听音乐或者拼拼图，将这些物品准备好并放在手边。同时，您可以准备一个薰衣草香袋放在身上，或者准备几颗可以含着的薄荷糖，这些都可以缓解紧张。

呼吸

有意识的呼吸是让人平静下来的基本方法之一。尝试舒缓的呼吸，尽可能用鼻子缓慢地吸再用嘴巴缓慢地呼。

使用辅助软件

一些手机软件可以帮助人们放松心情。

牢记恐慌终会过去

认识到"恐慌终会过去"这一点是非常重要的。惊恐发作持续的时间不过几分钟,之后就会慢慢减缓,所以恐慌并不会伴随您整个旅途。

找出害怕的因素

一些人担心会有飞行事故,但是更多人担心自己会在飞机上恐慌发作。所以人们害怕的是害怕本身。什么是大灾难?我真正担心会发生的是什么?我把什么事情给搞复杂了呢?如果我恐慌了,那我担心什么会发生呢?在上飞机之前回答以上几个问题有助于您缓解紧张。

关注积极面

乘客要避免阅读或者收听一些关于飞机事故的新闻。许多乘客过于关注消极故事的小细节而忽略了其他积极的信息。

学习情绪释放技巧

情绪释放技巧的实践者会轻敲自己的穴位以达到释放紧张情绪的目的。这种对抗紧张的方法简单易学。

阅读

在飞机上,可以阅读许多关于缓解飞行紧张的书籍。

飞行测验

Task 1 Please remember the new words as quickly as you can. Write down the Chinese for each word.

1. oxygen mask _____
2. decompression _____
3. avionics _____
4. drop down _____
5. compartment _____
6. attend _____
7. pull down _____
8. ventilation _____

Task 2 Listen and write the words you hear.

1. _____
2. _____
3. _____
4. _____

5. _____

Task 3　Listen and fill in the blanks of each sentences.

  1. We have an avionics　__1__　problem.
  2. Please　__2__　the nearest oxygen mask towards you.
  3. The skin　__3__　and blower fan have failed.
  4. Hold it securely over your nose and mouth and　__4__　.
  5. How long should we use the　__5__　?

Task 4　Read and try to translate the sentences in Task 3.

1. _____
2. _____
3. _____
4. _____
5. _____

Task 5　Listen and try to complete the dialogue.

Depression

  (P=passenger, FA=flight attendant)

  P: Excuse me, what's happening?

  FA: We have an avionics ventilation problem. The skin heat-exchangers and　__1__　have failed.

  P: Is it serious? Are we safe now?

  FA: Don't be frightened. The　__2__　is making it.

  P: So what should I do at the moment?

  FA: Please pull down the nearest oxygen mask towards you, hold it　__3__　over your nose and mouth and　__4__　normally.

  P: How long should we use the oxygen mask?

  FA: I'm not sure. I think　__5__　5 minutes.

  P: OK. I got it. Thank you.

  FA: You are welcome.

课后拓展

  After class, please practice the command of using oxygen mask under the situation of decompression. One student reads the command and the other practice the command.

Task 4　延误偶发，贴心常在
Delay

任务描述

Sometimes, the passengers are already on board, but the plane is delayed for some reasons, and it can't take off on time. To release the worries of passengers most, we have to inform the passengers of the fact of delay, the cause, the expected departure time, and special services or treatment options we can supply during the delay.

分层任务单

主题：乘客已经登机，但是由于某种原因，飞机无法按正常时间起飞	
必选任务	乘务长/乘务员及时进行客舱广播，说明飞机延误的原因及预计起飞的时间
可选任务	1. 航班延误时安抚旅客情绪 2. 延误期间的特殊服务 3. 延误期间的处理方案
职业目标	1. 培养学生有耐心、有担当的职业精神 2. 培养学生处变不惊的工作态度

任务实施

飞机延误时，乘务员需要及时播报广播，常见的延误广播有以下几种情况。

延误广播

航班因空中交通管制原因延误，预计起飞时间为 2 小时后，等待期间为客人提供餐饮服务。

Ladies and gentlemen, may I have your attention, please? Our departure will be delayed for about two hours, as we are waiting for air traffic control clearance. Please remain seated and refrain from smoking. In the meantime, we will offer beverages. On behalf of China Airlines, we apologize for any inconvenience caused and thank you for your patience and understanding.

女士们、先生们,很抱歉地通知您,由于机场繁忙,我们的飞机暂时不能起飞,预计起飞时间为2小时后。请您在座位上耐心等候。本航班为禁烟航班。稍后,客舱乘务员将为您提供饮料服务。给您造成的不便,我们深表歉意。感谢您的理解与配合!

等待广播

因机场繁忙,飞机正在跑道上等待起飞命令,约10分钟后起飞。

Ladies and gentlemen, may I have your attention, please? We are sorry to inform you that we will take off in about 10 minutes, as we are awaiting air traffic control clearance. Please remain seated and refrain from smoking. Thank you!

女士们、先生们,由于机场繁忙,我们正在等待起飞命令,飞机大约在10分钟后起飞。请您在座位上休息等待,不要吸烟,谢谢!

等待广播

因部分乘客尚未办理完登机手续,地勤人员正在积极协助办理,需要等待。

Ladies and gentlemen, we are waiting for some passengers to complete the boarding procedures. Our ground staff has advised us that these passengers will join us as soon as possible. Thank you!

女士们、先生们,由于部分旅客还没有办完登机手续,地面工作人员正在积极协助办理中。请您在座位上稍等,谢谢!

下飞机等待广播

因天气原因需要等待较长时间,故安排乘客到候机厅休息等候。

Ladies and gentlemen, the captain has informed us that our flight will be delayed because of bad weather conditions. We ask that you wait in the terminal. Please take your ticket and boarding pass, and disembark. Your carry-ons may be left on board, but be sure to carry the valuables. Our ground staff will announce the latest information in the broadcast. We apologize for the inconvenience. Thank you for your understanding and cooperation.

女士们、先生们，接到机长通知，由于天气尚未好转，我们将安排您到候机厅休息等候。请配合我们的工作，带好您的机票、登机牌下飞机。您的随身行李可以放在飞机上，但贵重物品请随身携带。如有进一步的消息，地面人员将随时广播通知您。由此给您带来的不便，我们深表歉意。感谢您的理解和配合！

对话演练

对话：乘客未听清广播内容，询问延误情况

（P＝passenger，FA＝flight attendant）

FA：Good morning, sir. Can I help you?

早上好，先生。有什么为您效劳的吗？

P：The flight has been delayed. Can you tell me why?

航班延误了，您能告诉我原因吗？

FA：We are waiting for some passengers to complete the boarding procedures.

我们在等待部分旅客办完登机手续。

P：How long will the delay last?

那需要多长时间呢？

FA：Maybe twenty minutes. The delay shouldn't be too extensive.

可能20分钟吧，应该不会延误太久。

P：OK. Thank you.

好的，谢谢。

· 111 ·

FA：You may read the magazines or books ahead of you.

您可以看一下您前面的杂志或者书。

P：You are so thoughtful. Thank you.

真周到，谢谢！

学习评价

姓名：　　　　　　　　　　组别：

学习过程	学习评价			综合得分	收获与改进
	自我评价（20%）	小组评价（30%）	教师点评（50%）		
课前预习					
课中实施					
课后拓展					

注：评价标准见附录。

模块一 客舱服务英语

专业词汇

1. **beverage** /ˈbevərɪdʒ/ *n.*　any type of drink except water（除水以外的）饮料
2. **inform** /ɪnˈfɔːm/ *v.*　to tell sb. about sth., especially in an official way 知会；通知；通告
3. **terminal** /ˈtɜːmɪnl/ *n.*　a building or set of buildings at an airport where air passengers arrive and leave 航空站；航空终点站
4. **disembark** /ˌdɪsɪmˈbɑːk/ *v.*　to leave a vehicle, especially a ship or an aircraft, at the end of a journey 下（车、船、飞机等）
5. **extensive** /ɪkˈstensɪv/ *adj.*　covering a large area; great in amount 广阔的；广大的；大量的
6. **air traffic control**　航空管制
7. **boarding procedure**　登机手续
8. **weather condition**　天气状况
9. **carry-on**　随身行李
10. **thunderstorm**　雷暴雨
11. **lightning**　闪电
12. **heavy fog**　大雾
13. **mechanical trouble**　机械故障

高频语句

1. The flight has been delayed due to some mechanical troubles. The engineers are making a careful examination of the plane.

由于机械故障，航班已延误。工程师们正在对飞机进行仔细检查。

2. The flight has been delayed because of terrible weather.

航班由于天气恶劣已经延误。

3. Because the airport is raining heavily, our flight will be delayed.

由于机场正下着暴风雨，所以我们的航班将延误。

4. All the flights are delayed because of the heavy fog.

由于大雾天气，所有航班都延误了。

5. We will wait until a take-off clearance is given, owing to the air traffic control.

由于交通管制，我们的飞机不能按时起飞。

6. Our departure will be delayed for about half an hour. The delay shouldn't be too extensive.

预计起飞时间是30分钟后，应该不会延误太久。

7. The airport of our destination has been closed. The reason is unknown at the moment.

因不明原因，目的地机场已关闭。

8. We'll be leaving as soon as we receive clearance.

我们一旦得到放飞许可，就能立刻起飞。

9. If we have any further information, we'll let you know immediately.

如有进一步的消息，我们会立即通知大家。

拓展小贴士

There are many reasons for flight delays, including weather reasons, air traffic control, passenger reasons and airline and airport reasons. For the specific reasons, it may be the weather on the take off and landing airports and even on the route, or that the radio interferes with the normal operation of the aircraft, or illegal lift-off of advertising balloons, or that residents around the airport fly kites, or that pigeons and migrant birds fly over, or that there are military injunctions on the route, or that a passenger's check-in procedure has not yet been completed, or that passengers have checked in but cancelled their journey, or the baggage overloading but luggage loading, or temporary increase in meals, aircraft mechanical failure, or that the airplane needs deicing, or that the runway needs deicing.

导致航班延误的原因有多方面，通常包括恶劣天气、空中交通管制、乘客原因以及航空公司和机场原因等。具体原因包括起降机场或航路上天气原因、无线电干扰飞机正常运行、广告气球非法升空、机场周边居民放风筝、鸽子或候鸟飞过、航路上有军事禁令、旅客乘机手续尚未办妥、旅客已办理登机手续又临时取消行程、货物超重、行李超载、临时增加餐食、飞机机械故障、飞机需要除冰、跑道需要除冰等。

飞行测验

Task 1 Please remember the new words as quickly as you can. Write down the Chinese for each word.

1. terminal _____

2. lightning _____
3. heavy fog _____
4. extensive _____
5. boarding procedure _____
6. thunderstorm _____
7. mechanical trouble _____
8. air traffic control _____

Task 2　Listen and write the words you hear.

1. _____
2. _____
3. _____
4. _____
5. _____

Task 3　Listen and fill in the blanks of each sentences.

1. We have waited for ___1___ an hour.

2. We are waiting for an improvement in the ___2___.

3. We didn't expect to ___3___ take-off, either.

4. Can you ask other your family members to ___4___ your mother now?

5. But we will take off ___5___ when it is visible outside.

Task 4　Read and try to translate the sentences in Task 3.

1. _____
2. _____
3. _____
4. _____
5. _____

Task 5　Listen and try to complete the dialogue.

Heavy fog leads to delay

(P=passenger, FA=flight attendant)

P: When shall we take off? We have ___1___ almost an hour.

F: We are waiting for an improvement in the weather conditions. The fog is ___2___ now.

P: Is there fog outside? I didn't notice that in the waiting lounge.

F: Yes. The fog appeared very quickly. We didn't expect to delay take-off, either. But now we can't help but wait, sir.

P: But I am ___3___. You know, my mom is ill at home and I am supposed to rush home as soon as possible.

F: I'm sorry to hear that, sir. I understand your feelings. Can you ask other your family members to attend to your mother now?

P: I'd like to, but they are all out now. I am ___4___ be the first to get home.

F: I'm very sorry, sir. But we will take off as soon as possible when it is visible outside.

P: All right. Then I'd like to be ___5___ if we are going to take off.

F: No problem. Shall I bring you a cup of water?

P: Yes, please. Thank you.

F: You are welcome.

课后拓展

Make a dialogue according to the following information.

Mrs. Liu bought two tickets from Hong Kong to Beijing in the Hainan Airlines Office. Unfortunately, before setting out, she met extreme weather and she had to cancel her trip. Mrs. Liu wants Hainan Airlines to refund the tickets.

客舱服务英语参考答案

116

模块二

客舱服务技能

项目一

认识民航乘务员

客舱乘务员机上服务

任务一　民航乘务员职业形象塑造

任务描述

民航乘务员职业形象塑造

学习目标

知识目标
（1）掌握客舱乘务员职业妆容的具体规定；
（2）掌握客舱乘务员制服着装的具体要求。

能力目标
（1）能够熟练掌握客舱乘务员仪容礼仪的要求；
（2）能够熟练掌握客舱乘务员服饰礼仪的要求。

职业目标
（1）培养积极进取、细致周到的职业素养；
（2）培养创新意识、责任意识和服务意识；
（3）培养团队凝聚力、执行力。

思政融入

"最美逆行者"——东航机组护送医疗队援鄂战"疫"

在东方航空机组护送华山医院的214位医护人员支援武汉的包机任务中，一名乘务员在执行任务时说道："距离我的家乡湖北省封省已经过去了8天，医者仁心，眼前的白衣天使们都是普通人，但他们无惧危险，是最美的逆行人，是最坚强、最勇敢的战士！是他们为我的家乡带去爱、带去希望！我的同事们，每个人都尽心而又热情地在客舱忙碌着，他们想为医护人员提供更多的帮助。"

面对这场没有硝烟的战争，客舱乘务员不埋怨、不退缩，众志成城，团结一致，克服一切困难，在工作岗位上以专业、细心的服务，护送着每一位乘客安全抵达目的地。中国加油！战"疫"必胜！

模块二 客舱服务技能

思政分析

在这场疫情防控战中，乘务员群体没有退缩和犹豫，坚守岗位，主动承担社会责任，不怕苦、不怕险，为抗击疫情坚守阵地。他们义无反顾、勇于担当的精神，值得我们学习。

面对这场来势汹汹的疫情，客舱乘务员自觉发扬职业精神、遵守职业规范，体现了爱岗敬业、无私奉献、恪尽职守、敢于担当、不畏艰险的职业品格，发扬了不怕苦、不怕累、不怕牺牲的精神，这正是对当代民航精神的最好诠释，让我们向奋战在一线的最美逆行人致敬。

案例导入

揭秘"空中小姐"的由来

1930年，在美国旧金山一家医院内，波音航空公司驻旧金山董事史蒂夫·斯迁柏生和护士埃伦·丘奇小姐在聊天。闲谈中，史蒂夫说："航班乘务工作十分繁忙，可是挑剔的乘客还是满腹牢骚，意见不断。"这时埃伦·丘奇小姐突然插话说："先生，您为什么不雇用一些女性乘务员呢？姑娘的天性完全可以胜任'空中小姐'这个工作的呀！""空中小姐"这一新鲜的词使董事先生茅塞顿开。就在10天之后，埃伦·丘奇小姐(图2-1-1)与其他7名女护士作为世界上第一批空中小姐走上了美国民航客机。空中小姐的兴起印证了第一次世界大战后商业飞机业的繁荣，而站在这一领域浪尖上的正是波音公司。

图2-1-1 埃伦·丘奇女士

新中国首批"空姐"诞生于1955年底，是中国民航局在全北京市各个中学里秘密精挑细选招收的，加上原来从军队复员到民航的两名女战士张素梅和寇秀蓉，共计18人，她们被集中在北京王府井民航局售票处后面的一个院子里进行集训，同时，由"两航"起义人员给她们传授飞机乘务员的礼

图2-1-2 新中国首批空乘人员

节、礼貌、站立行走姿态，以及配备服务用品的种类和方式、历史、地理知识等，后被称为"空中十八姐妹"，她们开创了新中国民航的服务事业，用她们优良的服务水准展现了新中国朝气蓬勃、蒸蒸日上的形象。图2-1-2为新中国首批空乘人员。

思考： 新时代客舱乘务员应该具备哪些职业素养？

相关知识

民航乘务员必须按照运行合格审定局方批准的《客舱乘务员训练大纲》进行训练，经充分严格的训练并考核合格，获取"客舱乘务员训练合格证"，取得所在岗位的工作资格。由于航空服务的特殊性，客舱乘务员的职责要求、训练项目和工作规章与其他服务工作有着较大的区别。本模块主要通过乘务员专业形象与行为规范、乘务员职业素养与职业标准、乘务员岗位职责、乘务员招聘标准四个任务的学习，让学生更加深入地了解空中乘务员这个职业。

一、民航乘务员仪容仪表要求——着装

空乘人员身着制服，能反映出良好的个人形象和令人振奋的精神面貌。乘务员的制服是航空公司品牌认知度最直接的表现方式之一，乘务员的职业装定位凸显职业特性，它不仅是自身审美的需要，而且也满足被服务者审美的需要，更是企业提高知名度、美誉度，树立美好形象的需要。因此，空乘人员应注重自己的形象是否符合职业化，是否做到亲切、优雅、端庄、大方、彬彬有礼，是否在执行航班任务和穿着制服期间都始终保持良好的公众形象。

1. 国航制服

中国国际航空股份有限公司制服以乘务员的红、蓝套装为主，采用了被国际上称为"中国蓝和中国红"的明瓷中霁红与青花两种颜色作为主色，以甜白为搭配色，体现了东方女性之美，突出了国航新服装的民族化与国际化相结合的特点(图2-1-3)。衣料选择了高比例的羊毛面料，不仅耐穿、舒适，而且具有人性化和时尚化。其制服高雅端庄，具备独特的美感。

2. 东航制服

中国东方航空集团有限公司制服本着"简洁、美观、得体"的原则，在满足职业制服功能需求的同时，力求展现东方气质的优雅与海派风格的时尚。相比以前，新制服在剪裁上更注重东方女性身段玲珑的特点，海军蓝的主色调营造出稳重和专业的职业氛围，融入"祥云"纹案、中国结、8字扣等传统文化元素，点缀以正红色腰带及配饰，经典中透出热情(图2-1-4)。

3. 南航制服

中国南方航空集团有限公司制服由法国设计师精心打造，以天青蓝色和芙蓉红为主色，以"碧水红棉、彩云蓝天"为设计概念，融入了中国传统特色和国际化元素（图 2－1－5）。

图 2－1－3　国航制服

图 2－1－4　东航制服

图 2－1－5　南航制服

二、民航乘务员制服穿着的基本要求

在执行航班任务的过程中，主任乘务长、检查员、乘务长、乘务员按公司规定佩戴标志，乘务员登机前佩戴登机证，上、下飞机时，应使用公司统一配发的证件，将登机牌挂在胸前，进入客舱后应及时将登机牌收入飞行包(箱)中。

夏装时间定为当年的 4 月 1 日到 11 月 30 日，冬装时间定为当年的 12 月 1 日到次年的 3 月 31 日。乘务员穿着制服时需确保整洁、得体、美观，如有破损应及时更换。

清洁：制服洗干净、无油渍、无斑点，皮鞋光亮。

平整：制服熨烫平整，无皱折，衣扣、裤扣、长袖衬衣袖口系好，衬衣系于裙子或西裤内。

完好：制服无脱线、缺扣、残破，丝袜无勾丝、破洞，皮鞋无破损。

合体：乘务员根据各自体形，领取（或换取）合身的制服。

乘务员的制服上避免佩戴任何私人饰物。避免在任何场所大声喧哗。避免在背后对旅客评头论足。飞行实施阶段避免扎堆聊天。在机场区域内，避免边走边打手机。避免在旅客视线范围内打瞌睡、喝饮料、吃东西、咀嚼口香糖。避免在旅客视线范围内化妆、整理制服、用餐、整理私人物品。

乘务员的鞋袜款式、颜色和质地如同制服一样经过严格的设计、搭配，使其符合职业特点，特别是与制服搭配的皮鞋是非常重要的，对整体形象影响很大。乘务员的皮鞋应保持光亮，无破损，注意鞋后跟的保养和修理。

乘务员应穿公司配发的袜子或与之同色的袜子，穿着时应保持袜子完整、清洁、无破损。女乘务员制式皮鞋一般为黑色无装饰物船型中跟皮鞋（鞋跟高度 3～5 cm）

（图2-1-6），男乘务员制式皮鞋一般为黑色系带皮鞋，鞋跟高度不超过2 cm（图2-1-7），鞋面上不得带有任何金属佩饰，禁止着休闲鞋、大头鞋等。

图2-1-6　女乘务员制服鞋　　　图2-1-7　男乘务员制服鞋

在执行航班任务时，客舱乘务员必须使用由公司统一下发的箱（包），乘务员要保持箱（包）及业务用品包（袋）清洁、完好，如有破损应及时更换。执行驻外航班不得携带私人箱（包）或购物袋。乘务员在上下机过程中，须携带拖箱，不得出现仅携带衣袋的情况。女乘务员执勤时，应左肩背小背包，右手拉行李箱。在候机区域、宾馆或驻地等公共场所，乘务组箱（包）应摆放整齐，如图2-1-8所示。

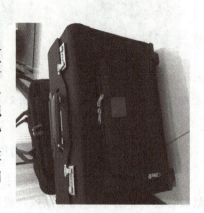

工作中的客舱乘务员必须严格遵照佩戴首饰的相关规定，要求不得佩戴超出规定范围之外的首饰。客舱乘务员佩戴饰物的原则是同色同质，以少为佳（图2-1-9）。

图2-1-8　客舱乘务员飞行箱（包）

手表是航班飞行的必须品，乘务员出勤时需佩戴有时针、分针、秒针，以及时间刻度的走时准确的手表（图2-1-10）。手表的设计以简单为宜，大小适中，表带仅限于金属和皮质，金属表带颜色限制为银色、金色，皮质表带颜色限制为黑色和深棕色。女士表带的宽度不得超过1.5 cm，男士表带的宽度不得超过2.5 cm，禁止佩戴卡通、工艺等尺寸、形态夸张的手表、电子表。

图2-1-9　客舱乘务员配饰——耳钉　　　图2-1-10　客舱乘务员配饰——手表

三、民航乘务员仪容仪表要求——化妆

航空公司要求客舱乘务员执行航班任务前化职业妆是为了体现乘务员职业的统一性、纪律性，为了展现航空公司的整体形象，体现对职业的尊重，对乘客的尊重，也能更好地规范乘务员的行为举止。

化妆的要求。底妆干净、清透，脸部肤色与颈部肤色相近。口红的颜色与腮红的颜色保持同一色系，唇线笔的颜色与口红颜色相一致，必须使用唇膏，并着唇彩以增加色彩效果。

眉笔使用黑色、深棕色系列。睫毛膏、眼线笔使用黑色、深蓝色或深棕色系列。假睫毛的长度不超过 10 mm，避免过于夸张。必须使用腮红，追求整体和谐效果。建议使用清淡型香水。因视力需要佩戴隐形眼镜者，应选择无色、透明的隐形眼镜（禁止佩戴美瞳隐形眼镜）。女乘务员专业化形象见图 2-1-11。

男乘务员的要求相对女乘务员而言简单一些，要求其在执行航班任务时脸部要保持清洁，使用洗面奶、护肤乳液等进行护理。干燥季节时，应涂抹护唇膏防止嘴唇干裂。执行任务前须洗净头发，还要剃须修面，修剪鼻毛及耳毛，不可留小胡子或者络腮胡。男乘务员不得在身体的任何部位文身。保持面部（嘴唇）皮肤的滋润，防止干燥、脱皮。男乘务员要将指甲修剪整洁，从掌心看去，长度不超过 2 mm。

男乘务员在执行航班任务时注意保持口腔卫生，保持清新的口气，保持体味清新，不得有烟、酒和葱、蒜等异味，可使用男式古龙香水。男乘务员专业化形象见图 2-1-12。

图 2-1-11 女乘务员专业化形象

图 2-1-12 男乘务员专业化形象

由于乘务员的手会经常出现在旅客面前，因此保持手指甲的干净整洁是十分重要的，指甲油颜色根据航空公司专业化形象要求而定，不可彩绘指甲，涂指甲油的指甲长度不超过手指尖 2 mm，双手各手的指甲长度应保持一致，指甲油以裸色、淡粉色或透明、清爽的颜色为宜，有斑驳脱落时需及时涂抹。指甲油无珠光或亮片。

此外，乘务员的双手要保持清洁无污垢（图2-1-13）。

女乘务员的长发要求统一盘起，原因有两点：第一是航空安全的需要，显得干练、利索，一旦发生紧急情况，能非常迅速地采取应急措施。第二是职业的需要，显得干净、整齐，具有职业气质。

图2-1-13 客舱乘务员手部要求

盘发的步骤：首先，盘发用细齿梳，不要用很宽大的粗齿。把头发梳密，扎上马尾。位置在后脑偏上。长发整齐地向后盘起，头发高度与耳部上缘取齐，前额不留刘海，碎发使用定型水和发网固定，做到一丝不乱，整齐干净。其次，用皮筋将所有头发扎成马尾状，用黑色隐形发网将马尾全部罩住。再次，左手抓住发根，右手抓住马尾并顺时针旋转，直至将头发盘起，位于头的后部。发髻不得低于双耳，不可过高或者过低，头顶部头发蓬起高度在3～5 cm之间。最后，用U形发卡将发髻固定，外形整体饱满，盘发直径在8～10 cm，再用小型发卡和定型水将碎发固定，营造干净利落的感觉（图2-1-14）。

图2-1-14 客舱乘务员盘发

女乘务员的短发发型要求：发色为棕色或棕黑色，长度前不过眉，后不过衣领上沿线，耳侧鬓发应露耳，耳垂后部头发长度不得超过2 cm，且不得蓬乱，刘海长度应保持在眉毛上方1～2 cm，不得留翻翘式、爆炸式等怪异发型，削碎发型不可过短，必须使用饰发产品固定碎发（图2-1-15）。

 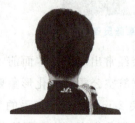

图2-1-15 客舱乘务员短发造型

男乘务员身着制服时，注意保持发型整洁美观、大方自然、统一规范、修饰得体。发型要求轮廓分明，前侧头发必须在眉毛上方 2cm 以上，不能遮住眼睛，两侧鬓角不得长于耳郭中部，发尾最长不得超过衣领上限，头发必须保持自然的黑色或黑棕色，不可染成其他颜色。使用发胶、摩丝等定型，不得有乱乱的感觉（图 2-1-16）。可采用平头、分头，不留长发和怪异发型，禁止出现光头、板寸等发型。

图 2-1-16　男乘务员短发造型

任务分析

乘务员除了要符合民航当局对客舱乘务员的资质要求外，各家航空公司对乘务员有各自不同的要求。总体来说，乘务员应具备良好的职业形象、扎实的专业知识和娴熟的业务技能，从而能够胜任客舱乘务员的岗位要求。

任务准备

（1）准备盘发用品，如发网、梳子、一字形夹子、U 形夹子、发胶等，在课堂上实际操作。

（2）准备化妆用品，如粉底、眉笔、口红、腮红、眼影等，在课堂上实际操作。

（3）搜集不同航空公司对客舱乘务员仪容仪表的具体要求。

学习评价

评分项目	评分值	评分内容	配分	自评得分	小组互评分	教师评价分
职业素养（30分）	课堂纪律（10分）	不迟到，不早退	5分			
		积极思考，回答问题	5分			
	6S管理（10分）	场地整齐干净；设备整洁摆放	10分			
	职业形象（10分）	着装按职业要求；妆容精致大方	10分			
实训操作（40分）	常规操作（20分）	按照标准操作；操作认真、效率高	20分			
	团队合作（20分）	能与他人合作	20分			
综合能力（30分）	沟通表达（30分）	语言表达流畅；用词恰当、语速适中	30分			

综合得分（自评20%；小组评价30%；教师评价50%）：

本人签字： 　　　　组长签字： 　　　　教师评价签字：

课后习题

（1）客舱乘务员执行航班任务为什么必须佩戴手表？

（2）空乘制服与航空公司企业形象到底有何关系？

模块二 客舱服务技能

任务二　民航乘务员职业礼仪

任务描述

民航乘务员职业礼仪

学习目标

知识目标
了解客舱乘务员职业礼仪规范。
能力目标
熟练运用客舱乘务员职业礼仪。
职业目标
(1)培养积极进取、细致周到的职业素养；
(2)培养创新意识、责任意识和服务意识。

思政融入

用真情服务初次乘机旅客

在重庆飞往芜湖的航班上，乘务组在迎客时，迎面走来一位阿姨，拿着很重的行李。乘务员赶紧迎上去协助旅客安放行李，并带领她入座。这名旅客一边说着感谢，一边给乘务员说她第一次坐飞机有点紧张，满脸笑意地说着自己要去见很久未回家的儿子。乘务员听后，立即去服务间给旅客准备了温水、面包和毛毯，并安慰旅客："飞机很安全，不用紧张，两个小时就到了。要是起飞之后您还是很害怕就告诉我。"旅客听后很感动，一直表达着感谢。

乘务长和组员们在飞行过程中也随时关注着旅客的状态。道别时，这位旅客告诉乘务员，今天的服务让她忘却了紧张和害怕，心里很是温暖，她第一坐飞机就有这么好的体验，非常感谢乘务组的关心和照顾。

客舱乘务员机上服务

思政分析

每一张机票，就是一份契约，一份爱和被呵护的承诺。真情服务有时只是一个微笑、一句问候、一个举动。客舱乘务员用真情携旅客同行，用真情送旅客回家，把真情赋予行动，才能把工作做到旅客心里。正是因为客舱乘务员用真心、真情服务每一位旅客，才让旅客感受到万米高空上的满满暖意。

用爱心去坚守真情服务，将细心、耐心、贴心作为服务的基本素质，面对不同旅客的困难和需求，及时提供细心、周到、有针对性的服务，让陌生的客舱变成温暖的家园，为每一位旅客带去舒心、暖心的真情服务，体现了民航人坚守初心、爱岗敬业、认真负责、以客为尊、无私奉献的精神。新时代民航人一直在致力于将服务从回应旅客的期望提升到为旅客创造惊喜，通过每一名乘务员的努力，用最真挚的微笑点亮客舱，用最精湛的技能服务好每一次邂逅，用最专业的态度保障好每一次起落。

仪态是人在社会交际行为中的姿势、表情等。作为一名空乘人员，首先要掌握航空服务礼仪，才能做好服务工作。航空服务礼仪是一种行为规范，是指空乘在飞机上的服务工作中应遵守的行为规范，具体指空乘在客舱服务中的各服务环节，从在客舱迎接旅客登飞机、与旅客的沟通，到飞机飞行中的供餐、送饮料，为特殊旅客提供特殊服务等都有一整套的行为规范。

案例导入

今天你对乘客微笑了吗？

某酒店的董事长曾经说过，酒店的第一流设备重要，而第一流的微笑更为重要，如果缺少服务人员的微笑，就好比花园失去了春日的阳光和春风。连锁巨头沃尔玛对微笑定的标准叫"三米微笑原则"，顾客在走到员工三米之内的时候，要眼睛注视顾客，面带微笑，露出八颗牙齿，与顾客打招呼并询问能帮助顾客做什么。

微笑是一种国际礼仪，它体现了人类最真诚的相互尊重与亲近。微笑也是最基本的礼仪，它应伴随着我们度过工作和生活中的每一刻。

微笑是"诚于衷而形于外"，因此，它应当是出自内心的真诚。亲切的微笑是最美丽的语言。

模块二 客舱服务技能

> 相关知识

一、仪态

1. 微笑

客舱乘务员为旅客提供服务时，要始终面带微笑，表情自然。微笑分为一度微笑、二度微笑和三度微笑。一度微笑，嘴角向上微微翘起，做自然轻度的微笑，表示友好自然的情绪，是比较适合社交场合中初次见面的社会礼节性微笑。二度微笑，嘴角有明显的上弯，两颊肌肉明显的舒展，表现亲切温馨的情绪，是比较适合社交场合中和熟人亲友间的友谊的微笑。三度微笑，嘴角大幅上扬，两唇间有开启的感觉，两颊肌肉明显向两侧推展，表现出热情开心的感觉，适宜亲人间及老朋友间的热情微笑。微笑要表现出内心的真诚，笑容要自然、大方，使人感到亲切、友好、热情(图2-1-17)。

2. 目光交流

乘务员在提供服务时应与旅客有目光的交流。

迎客时，目光关注每一位旅客，不要仅仅关注旅客手中的登机牌。巡视客舱时，目光关注每一位旅客，微笑点头，目光不要躲闪。与坐着的旅客交谈时，目光保持低姿位，更能表达一份诚意。目光要真诚、和善、自然，目光中带有笑意(图2-1-18)。

图2-1-17 微笑

图2-1-18 目光交流

131

3. 站姿

基本站姿：身形正直，耳、肩、臂、胯成一线，下颚微收，胸部稍挺，小腹收拢，两手自然下垂，整个形体显得庄重平稳。

女乘务员：双手可自然重叠于腹部，右手在上，四指并拢交叉，双腿并拢或两脚成丁字形，禁止叉开双腿（图2-1-19）。

男乘务员：双手自然下垂或重叠于腹部，左手在上，两脚微开（图2-1-20）。

图2-1-19 女士站姿

图2-1-20 男士站姿

4. 坐姿

基本坐姿：女乘务员上身应正直且稍向前倾，头平正，坐下后，上身挺直，双手自然放置于腿上，双脚合拢放在中间或侧面，双膝合拢（图2-1-21）。

图2-1-21 女士坐姿

图2-1-22 男士坐姿

男乘务员就座时要挺直脊背让身体重心下垂，入座后，两腿与肩部同宽，双手可以自然地放在双腿上(图 2-1-22)。

乘务员座椅在旅客对面时,入座或起身前应与对面旅客微笑、点头示意。坐在座位上与旅客交谈时,上身微微前倾,以示对旅客的尊重。

5. 走姿

基本走姿:保持头正、肩平、躯挺、步位直、步幅适度、步速平稳。走姿是在标准站姿的基础上迈步前行,上身挺直,行走时,脚步不宜过重、过大、过急,不要左右摇晃。

巡视客舱:缓慢地巡视客舱,目光与旅客相遇时,自然地点头微笑。女乘务员在巡舰客舱时,双手可自然相握,抬至腰间。如迎面遇有旅客时,应主动停下来侧身让旅客先行通过,并以身体面向旅客。如两乘务员在过道上交错时要背对背面向旅客通过。女士走姿见图 2-1-23,男士走姿见图 2-1-24。

图 2-1-23　女士走姿

图 2-1-24　男士走姿

6. 蹲姿

基本蹲姿:下蹲时,上身尽量保持垂直,根据物品的位置,蹲下时右脚或左脚先退后半步,脚尖在前脚尖的三分之一处,蹲下时弯膝且双膝有高低,上身尽量保持垂直。女乘务员下蹲时,先用右手抒裙摆,两腿应靠近,双手相握放在腿上(图 2-1-25)。

男乘务员下蹲时两腿略微分开,双手放在双腿之上,轻蹲轻起,直蹲直起,下蹲拾物时，要自然、得体、大方，不遮遮掩掩，捡左侧的物品时左腿低，捡右侧的物品时右腿低(图2-1-26)。

另外，建议乘务员与旅客长时间交谈时采取蹲姿，以展示对旅客的关心和尊重。

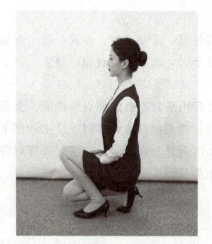

图 2-1-25　女士蹲姿

图 2-1-26　男士蹲姿

7. 上举

开关行李架时要做到姿势优雅，必要时，踮起脚后跟以增加身体高度，同时侧对旅客(图2-1-27)。

图 2-1-27　开关行李架

8. 指示方位

指示方位时应五指并拢，小臂带动大臂，根据指示距离的远近调整手臂的高度，身体随着手的方向自然转动，目光与所指的方向一致。

9. 与旅客谈话方式

与旅客交谈时，可采用稍弯腰、稍屈膝或下蹲等动作来调节体态与高度，尽量目光平视旅客或低于旅客的眼睛。与旅客谈话的距离保持在适当距离(45～100 cm)(图 2-1-28)。

与旅客谈话切忌：边走边讲；手放在口袋里；双臂抱在胸前；倚靠座椅靠背；坐在扶手上；不耐烦的表情、频频看手表；打听旅客的隐私；草率地打断旅客谈话等。

图 2-1-28 与旅客交谈

10. 行礼

行礼时要做到微笑到、视线到、语言到、动作到。

客舱乘务员应立正站直，背部伸直，以腰为轴，前倾 15°、30°、45°。鞠躬时倾斜度数越大，表明要表达的情感越郑重深厚。鞠躬时女乘务员的双手应在腹部相交，右手搭在左手上自然相握；男乘务员的双手自然下垂。鞠躬时注意面带微笑，随着弯腰目光自然下垂，视线在正下方 30 cm 处。鞠躬时要将姿势停顿两秒钟，行礼完毕起身的速度比前倾的速度稍慢，起身后要微笑注视旅客的眼部，传递善意与问候(图 2-1-29)。

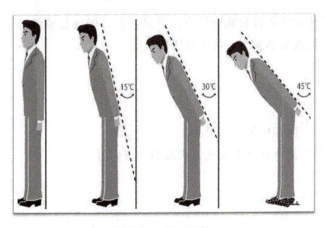

图 2-1-29 行礼

二、职业礼仪

1. 服务礼貌用语

乘务员为旅客服务时，原则上使用普通话和相应的外语。

注意语气、语调，多使用询问句，语调上扬，语气亲切、自然。

服务时须正确使用基本礼貌用语："您好""您早""欢迎登机""请走好""请小心""马上就来""对不起""打扰您了""让您久等了""您辛苦了""欢迎再来""再见"，等等。

提供服务时，使用"请""您请""请慢用"("Please"/"Please enjoy")。

旅客为你提供任何帮助，请说声"谢谢"("Thank you")。

做错了事情，及时说声"对不起，我很抱歉"("I'm sorry")。

打扰他人或需要他人借过，请说声"不好意思，打扰了""对不起，请借过"("Excuse me")。

旅客向乘务员表示感谢，请说声"不客气"("You are welcome")。

使用规范称呼：先生(Sir)、小姐(Miss)、女士(Madam)。

对头等舱或公务舱旅客采用姓氏称呼；对重要旅客采用"姓氏＋职称/职务"。

2. 其他礼仪要求

除服务需要，乘务员应避免使用方言，避免使用不礼貌用语，避免使用易使旅客产生不满情绪的或过激的言语，如"真麻烦""等着吧""自己看""没了""不知道""别问我""不是我的事""你怎么搞的""真笨"等。避免打听旅客的年龄、薪金收入、衣饰价格和其他私事。避免在旅客面前大声喧哗。避免与旅客谈论政治问题。

任务分析

乘务员的形体动作须符合职业特点：男显谦和，展现稳重细心、和气幽默的风度；女显温柔，展现成熟大方、优美典雅的气质。

任务准备

(1) 准备实训室内相应的训练设备。

(2) 提前了解客舱乘务员职业礼仪规范的考核内容。

任务实训

实训内容	基本要求	学习收获与反思
站姿	1. 教师对学生进行分组，六个人一组，并选出小组负责人；	
坐姿		
走姿	2. 小组成员分别扮演乘务长、其他乘务员、乘客；	
蹲姿	3. 各个小组在模拟时，其他小组要认真观看，并做好记录；	
微笑		
指示方位	4. 模拟结束后，小组进行讨论分析；	
行礼	5. 各小组派一名同学上台总结模拟结果	

学习评价

评分项目	评分值	评分内容	配分	自评得分	小组互评分	教师评价分
职业素养（30分）	课堂纪律（10分）	不迟到，不早退	5分			
		积极思考，回答问题	5分			
	6S管理（10分）	场地整齐干净；设备整洁摆放	10分			
	职业形象（10分）	着装按职业要求；妆容精致大方	10分			
实训操作（40分）	常规操作（20分）	按照标准操作；操作认真、效率高	20分			
	团队合作（20分）	能与他人合作	20分			
综合能力（30分）	沟通表达（30分）	语言表达流畅；用词恰当、语速适中	30分			

综合得分（自评20%；小组评价30%；教师评价50%）：

本人签字： 组长签字： 教师评价签字：

课后习题

（1）在人际交往中，微笑和眼神交流能起到何种作用？

（2）客舱乘务员在迎接旅客时的礼仪会使旅客产生哪些印象？

项目二

乘务工作的四个阶段

任务一　飞行四阶段

任务描述

预先准备阶段

学习目标

知识目标
(1)熟悉客舱服务程序；
(2)熟悉客舱服务标准；
(3)掌握飞行四阶段的核心工作。

能力目标
(1)能够熟练掌握客舱服务的基本技巧；
(2)能够提升服务意识；
(3)能够提高沟通技巧。

职业目标
(1)培养积极进取、细致周到的职业素养；
(2)培养创新意识、责任意识和服务意识；
(3)培养应变能力、团队配合能力、自我调节能力。

思政融入

致敬英雄机组，践行民航精神

2018年5月14日，四川航空3U8633航班在执行重庆—拉萨航班任务时，在成都区域巡航阶段，驾驶舱右座前风挡玻璃破裂脱落，机组实施紧急下降，飞机因失重急速下坠，一些靠窗的乘客甚至能清晰地看到下方不到一公里处的冰川。据某位乘客事后透露，他当时大脑一片空白，回望身旁的旅客，只见每个人眼中都写满了绝望。机舱里的行李与餐盒因飞机下坠散落满地，餐车在重力加速度的作用下，狠狠撞向了当时正在过道工作的一名乘务员的腰上。但该名乘务员忍着腰伤，迅速与其他同事一起大声安慰乘客，座舱释压发生的同时，全体乘务组立即执行释压处置

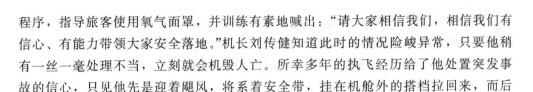

程序，指导旅客使用氧气面罩，并训练有素地喊出："请大家相信我们，相信我们有信心、有能力带领大家安全落地。"机长刘传健知道此时的情况险峻异常，只要他稍有一丝一毫处理不当，立刻就会机毁人亡。所幸多年的执飞经历给了他处置突发事故的信心，只见他先是迎着飓风，将系着安全带，挂在机舱外的搭档拉回来，而后又果断地挂出了"7700"代码。

飞机于 2018 年 5 月 14 日 07:46 安全备降成都双流机场，所有乘客平安落地，有序下机并得到妥善安排。备降期间右座副驾驶面部划伤，腰部扭伤，一名乘务员在下降过程中受轻伤。生死关头，英雄机组的正确处置，确保了机上全体人员的生命安全，创造了世界民航史上的奇迹。调查报告显示，本次事件的最大可能原因是 B-6419 号机右风挡封严（气象封严或封严硅胶）可能破损，风挡内部存在空腔，外部水汽渗入并存留于风挡底部边缘。

2018 年 6 月 8 日下午，四川省、中国民用航空局成功处置川航 3U8633 航班险情表彰大会在成都召开。为表彰先进、弘扬正气，中国民用航空局、四川省人民政府决定授予川航 3U8633 航班机组"中国民航英雄机组"称号。

2018 年 9 月 30 日，习近平总书记会见川航"中国民航英雄机组"全体成员，习总书记在交谈时指出，你们在执行航班任务时，在万米高空突然发生驾驶舱风挡玻璃爆裂脱落、座舱释压的紧急状况，这是一种极端而罕见的险情。生死关头，你们临危不乱、果断应对、正确处置，确保了机上 119 名旅客生命安全。危难时方显英雄本色。你们化险为夷的英雄壮举感动了无数人。得知你们的英雄事迹，我很感动，为你们感到骄傲。授予你们"英雄机组""英雄机长"的光荣称号，是当之无愧的。

思政分析

习近平强调，平时多流汗，战时少流血，"5·14"事件成功处置绝非偶然。处置险情时，你们所做的每一个判断、每一个决定、每一个动作都是正确的，都是严格按照程序操作的。危急关头表现出来的沉着冷静和勇敢精神，来自你们平时养成的强烈责任意识、严谨工作作风、精湛专业技能。你们不愧为民航职工队伍的优秀代表。

伟大出自平凡，英雄来自人民。把每一项平凡工作做好就是不平凡。新时代中国特色社会主义伟大事业需要千千万万个英雄群体、英雄人物。学习英雄事迹，弘扬英雄精神，就是要把非凡英雄精神体现在平凡工作岗位上，体现在对人民生命安全高度负责的责任意识上。飞行工作年复一年、日复一日，看似平凡，但保障每一个航班安全就是不平凡。

3U8633 机组在万米高空之上，临危不惧，保障了每一位旅客的生命安全，他们的民航英雄精神激励着我们每一个民航人的心。我们要时刻铭记人民生命安全至上，学习英雄机组忠诚担当、忠于职守的政治品格和职业操守，争做当代民航精神的践行者和传播者，让当代民航精神在每一位民航人身上生根发芽，发展壮大，真正把当代民航精神转化为推动民航事业发展的强大动力，为实现民航强国目标、为实现中华民族伟大复兴建功立业。

案例导入

你的麻烦，我来解决

"你怎么回事啊，怎么搞的……"一位女士的责骂声吸引了正在巡视客舱的乘务长的注意。循声走去，原来是好动的孩子将水打翻在身上，外套和裤子全部湿了。体贴的乘务长立刻为这对母女更换了座位，并拿来新的毛毯。她一边帮助这位母亲脱下孩子弄湿的衣物，一边关切地询问是否有替换的衣服。母亲无奈地摇着头说道："衣服都托运了。"乘务长说："没关系，放心吧，我来处理。"说罢，乘务长便抱起弄湿的衣服回到服务舱，并用衣架将衣服挂在了厨房通风口处，拿出干的桌布擦拭湿衣上的水分，可是效果并不明显。想到可能着凉的孩子以及手足无措的母亲，乘务长果断取下衣服，对准通风口，抬臂举起衣服，这样果然干得快了许多。其他乘务员见状，纷纷过来帮忙，就这样，在大家的轮流接力下，终于在下降前把衣服吹干了。乘务长说："赶紧帮孩子换上吧，小心着凉了。"母亲激动地拉着乘务长的手说："太感谢你们了，你们这么用心，我们真的很感激。"

案例分析

飞机上空间狭小，对于带小朋友的旅客，乘务员提前跟旅客做好沟通，小朋友好动，应小心摆放饮料和餐食，防止打翻或烫伤。提醒乘客入座时应扣好安全带，不要让小朋友单独在过道上走动，避免颠簸造成受伤。

开航前准备会时，带班人员应结合航线特点，对旅客类型进行分析，做好各种服务预案，这样才能更好地为旅客提供细致有针对性的服务。

此案例也告诉我们，好动是小朋友的天性，因此乘务员在提供餐饮服务时需注意不轻易为小旅客提供热饮，如必须提供，则热饮建议摆放在其监护人的小桌板上。

相关知识

每个航班的飞行时间有长有短，为了便于客舱机组的操作和管理，我们把乘务工作的整个过程分为四个阶段，分别是预先准备阶段、直接准备阶段、飞行实施阶段和航后讲评阶段。预先准备阶段指的是接受航班任务到登机的各项准备工作；直接准备阶段指的是乘务员登机后到旅客登机前的准备工作；飞行实施阶段是从飞机开始滑行至乘务员下机前的所有服务工作；航后讲评阶段是指完成航班任务之后的工作讲评。

一、预先准备阶段

1. 任务书管理

（1）确认航班任务书是否正确。
（2）了解飞机衔接和停靠桥位等信息。
（3）航班减员时，确认是否符合最低配置。
（4）查看备份的乘务员名字是否已更改并敲章确认。
（5）查看当天连飞航班是否换人，当天连飞航班的性质（国内、国际）。
（6）航班上是否有重要旅客，确认是否需要更换乘务员。

2. 资料包管理

确认物品、资料是否齐全。特别关注：涉及飞机交接的航班是否有交接单、国际航线的机组 CIQ 单据、国际连飞航班需要的"出入境连飞单"，以及相关航线特别需要携带的单据。

3. 护照管理

核对护照和任务书，保证出入境单上的人员、数量一致。检查护照的有效性，如签证、敲章、签字等。检查护照的完整性。

4. 航前准备会管理

护照唱票管理：准备会上实施唱票制度，与现场乘务员逐一核对。中远程线根据需要带好护照复印件。

证件资料管理：检查所有组员（包括安全员）登机证、健康证、身份证，乘务员训练合格证、安全员执照等。对于健康证上要求戴镜飞行的乘务员检查是否已经戴上隐形眼镜以及是否有备份眼镜。检查所有乘务员《客舱乘务员手册》和《客舱服务手册》是否有效。如《客舱乘务员手册》未按照规定换页并签注，不齐全或者无效，立即报检查台检查员处理。

仪容仪表管理：以身作则，树立良好的职业形象。准备会开始前完成对组员仪容仪表检查，包括围裙、化妆包等。对不符合标准的组员进行提醒要求立即整改。

业务通知、最新重大事件案例分享：以提问的形式了解组员对最新业务的了解程度，并结合本航班的实际情况做讲解。引用案例对乘务组宣讲，同时让组员发表看法，相互借鉴。

安全、服务准备：对于航班的要点，如机门操作、清舱、颠簸、安全检查、服务及时性、洗手间卫生等知识点进行具体讲解；使用提问的方式对所有等级乘务员进行知识点管理，对于无法正确回答的乘务员要求立即整改，并在整个航班上进行重点关注，用任务书排名做相应记录，对工作态度恶劣或工作绩效很差者进行扣分处理（图2-2-1）。

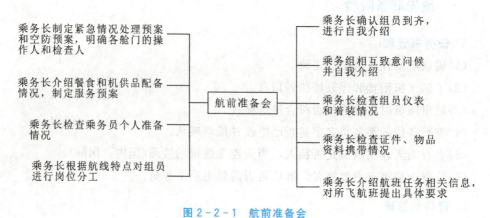

图2-2-1 航前准备会

三、直接准备阶段

1. 应急设备检查

乘务组结束航前准备会后进入客舱，首先对应急设备进行检查。

1) 检查舱门（以B737-800机型为例）（图2-2-2）

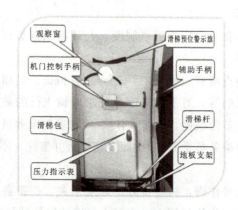

图2-2-2 B737-800型飞机舱门示意图

（1）确认舱门外观完好，观察窗已打开。

（2）确认舱门状况正常，确认滑梯压力指针在绿色区域内（滑梯压力正常，能保障舱门应急滑梯在 5~8s 内快速充气，让乘客迅速逃离）。

(3) 确认滑梯杆在非待命位。

(4) 关闭舱门后，推动舱门确认是否关闭到位，并检查舱门有无夹带物品。

2) 检查舱门（以 A320 机型为例）

(1) 确认舱门外观完好，观察窗已打开。

(2) 确认安全把手在非待命位。

(3) 确认安全销在位，红色飘带清晰可见。

(4) 确认滑梯充气压力指示器指示正常，滑梯报警装置有声响。

(5) 气动开门压力指示表指示正常，在绿色区域（图 2-2-3）。

图 2-2-3　A320 机型舱门示意图

3) 检查便携式氧气瓶（航前检查）（图 2-2-4）

(1) 氧气瓶型号、数量正确，固定在指定的位置。

(2) 压力表指针在红色区域（或 1 800 磅/平方英寸以上）。

(3) 开关阀门处于关断位，并且铅封完好。

图 2-2-4　便携式氧气瓶

(4)氧气流量出口处盖有防尘帽。

(5)氧气瓶附近有与之相匹配的氧气面罩。

4)检查水灭火瓶(航前检查)(图 2-2-5)

水灭火瓶的工作范围 2~2.5 m，可持续喷射 20~25 s，最长可喷射 40 s，主要扑灭 A 类火。

(1)灭火瓶在指定的位置并固定好，配备数量正确。

(2)铅封完好，无损坏。

(3)二氧化碳气瓶通过手柄的小孔可见。

(4)使用日期在有效期内。

图 2-2-5　水灭火瓶

5)检查海伦灭火瓶(航前检查)(图 2-2-6)

海伦灭火瓶的工作范围 1.5~2 m，可持续喷射 9~12 s，最长可喷射 15 s，主要用于扑灭 B 类、C 类火，也可以用于扑灭 A 类火。

(1)灭火瓶在指定的位置并固定好，配备数量正确。

(2)环形安全销穿过手柄并固定。

(3)压力表内黄色指针位于绿色区域。

(4)使用日期在有效期内。

6)检查呼吸保护装置(PBE)(航前检查)(图 2-2-7)

(1)PBE 的配备数量正确，固定在指定的位置上。

(2)包装盒上的铅封完好。

(3)如果包装盒上的铅封已折断，应确认 PBE 上的密

图 2-2-6　海伦灭火瓶

封袋是否完好。

图 2-2-7　呼吸保护装置

7) 检查应急定位发射机(图 2-2-8)

(1) 配备数量正确,固定在指定的位置。

(2) 开关保护盖在位,天线固定完好。

(3) 开关位于 ARMED 位置。

图 2-2-8　应急定位发射机

8) 烟雾探测器

(1) B737-300/700/800/900。

烟雾探测器安装在每个洗手间的天花板上,与洗手间呼叫系统相连。

探测器被触动后,烟雾探测器上的红色指示灯和洗手间旅客呼叫琥珀色指示灯会闪亮,同时发出连续的报警声,直到洗手间内的烟雾散尽。当需要关断报警信号系统时,可触动烟雾探测器上的中断按钮切断报警声音。

当飞机电源被接通后,确认烟雾探测器的绿色工作指示灯亮。

(2) A320/A319。

每个洗手间天花板内装有烟雾探测器,如果探测到烟雾,警告信号会传到 CIDS。

声音和可视警告:每 30 s 在客舱所有扬声器响起三声低音谐音;乘务员面板

(FAP)前自动出现"SMOKE DETECTION"(烟雾探测)页面,且红色"LAV"指示灯闪亮;区域呼叫面板(ACP)上琥珀色的指示灯闪亮。乘务员指示面板(AIP)上红灯闪亮,并显示洗手间的位置,洗手间外部上方琥珀色灯闪亮。

复位操作:按压前后乘务员控制面板上的"RESET"键,可切断警报声和 AIP、ACP 上的可视警告。

航前检查:观察烟雾探测器指示灯闪亮期间,确认探测器处在工作状态。

9)自动灭火装置

(1)B737-300/700/800/900。

在每个洗手间洗手池下方装有一个自动灭火装置,包括一个 HALON 灭火瓶和两个指向废物箱的喷嘴。检查灭火瓶的喷嘴为黑色。

当环境温度达到约 77~79℃时,灭火器两个喷嘴的热熔剂融化,灭火瓶喷出无毒的 HALON 气体。当灭火剂喷射完毕,喷嘴的颜色由黑变白。

使用时间:3~15 s。

(2)A320/A321。

在每个洗手间废物箱上方装有自动灭火装置,每个灭火装置包括一个 HALON 灭火瓶和两个指向废物箱的喷嘴。

HALON 灭火瓶带有一个压力表。压力表指针在绿色区域为正常。当遇有高温时,灭火器两个热熔喷嘴喷出无毒的 HALON 气体。当灭火剂喷射完毕,喷嘴的颜色由黑变白。

使用时间:3~15 s。

10)温度指示标牌

温度指示标牌位于洗手间垃圾箱门内侧,当周围温度达到其指示值时,指示板上的白点变为黑点。

检查温度指示标牌的温度指示器为白色。

11)检查手电筒

(1)飞机上每个乘务员都配有手电筒,位于每个乘务员座椅下方。

(2)确认手电筒配备数量正确,固定在指定位置。

(3)确认手电筒能正常使用,灯光亮度适中。

(4)应急手电筒上方的红色电源指示灯每隔 3~5 s 闪烁一次,若间隔时间超过 10 s,则表示手电筒的电量不足。

(5)当应急手电筒电量不足时,需及时通知地面机务人员进行电池更换。

(6)使用时,把手电筒从支架上取下,此时灯自动亮起,放回支架时,灯自动熄灭。应急手电筒的使用时间为 4 个小时。

12)检查救生衣(图 2-2-9)

机组救生衣位于每一个乘务员座椅下方及驾驶舱机组座椅背后或下面,旅客救生衣位于每个旅客座椅下方，发生紧急情况时，旅客可以迅速从座椅下方抽取出来。婴儿救生衣储存在前舱储存柜内。机组救生衣为红色，旅客救生衣为黄色。

(1)确认客舱内每个座椅下方都备有救生衣并固定好。

(2)检查救生衣的外包装是否完好无损。

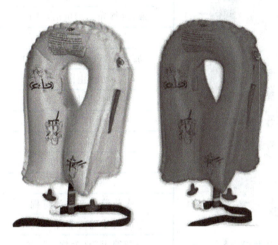

图2-2-9　旅客救生衣和机组救生衣

13)检查麦克风(图2-2-10)

(1)配备数量正确，固定在指定位置。

(2)声音测试正常。

注意事项：

(1)在调节音量时，应注意避免啸叫声。

(2)捏紧送话手柄，可以查看电量。

(3)指示灯绿灯闪烁表示正常。

14)检查急救箱(图2-2-11)

急救箱用于对旅客或者机组人员受伤的止血、包扎、固定等应急处理，每架飞机在载客飞行中所配急救箱的数量为每100个旅客座位配备1个。

表2-2-1所示为急救箱物品。

图2-2-10　麦克风

航前检查：

(1)配备数量正确，固定在指定的位置。

(2)锁扣处铅封完好。

使用方法：

(1)断开铅封，松开急救箱两侧的锁扣，打开盒子。

(2)根据药品单选择所需物品。

表 2-2-1 急救箱物品

名称及规格	数量
绷带，5 列(3cm)	5 卷
绷带，3 列(5cm)	5 卷
敷料(纱布)，10cm×10cm	10 块
三角巾(带安全别针)	5 条
胶布，1cm、2cm(宽度)	各 1 卷
动脉止血带	1 条
外用烧伤药膏	3 支
手臂夹板	1 副
腿部夹板	1 副
医用橡胶手套	2 副
医用剪刀	1 把
皮肤消毒剂及消毒棉	适量
单向活瓣嘴对嘴复苏面罩	1 个
急救箱手册(含物品清单)	各 1 份
紧急医学事件报告单	1 本

图 2-2-11 急救箱

15)应急医疗箱(图 2-2-12)

(1)应急医疗箱用于对旅客或者机组人员意外受伤，医学急症的应急医疗处理。

(2)每架飞机在载客飞行时至少配备一个应急医疗箱。

(3)机载应急医疗箱应当由经过训练的机组成员使用，或在医疗专业人员指导下使用。

(4)在应急医疗箱物品清单上对仅供医疗专业人员使用和操作的医疗器械及处方类药品予以特别注明。

客舱乘务员在使用机上应急医疗箱中的药品、器械和物品前，应先确认清单的使用要求。

表 2-2-2 所示为应急医疗箱物品

图 2-2-12 应急医疗箱

表 2-2-2 应急医疗箱物品

名称及规格	数量
血压计	1 个
听诊器	1 副
口咽气道(三种规格)	各 1 个
静脉止血带	1 根
脐带夹	1 个
医用口罩	2 个
医用橡胶手套	2 副
皮肤消毒剂及消毒棉	适量
体温计(非水银式)	1 支
注射器和针头	各 2 支
0.9%氯化钠	250ml
1∶1 000 肾上腺素单次用量安瓿	2 支
盐酸苯海拉明注射液	2 支
磷酸甘油片	10 片
阿司匹林口服片	30 片
应急医疗箱手册(含药品和物品清单)	1 本
紧急医学事件报告单	1 本

16)卫生防疫包(图 2-2-13)

卫生防疫包用于清除客舱内血液、尿液、呕吐物和排泄物等潜在传染型物质,并在护理可疑传染病病人时提供个人护理。每架飞机在载客飞行中卫生防疫包的配备数量为每 100 个旅客座位不少于 1 个。

航前检查:

(1)配备数量正确,固定在指定的位置。

(2)包装和铅封完好。

卫生防疫包内物品的穿戴顺序:

(1)穿戴个人防护用品。依次穿戴医用口罩、眼罩、医用橡胶手套、防渗透围裙。

(2)依次脱掉手套、围裙,用皮肤消毒擦拭纸巾擦手消毒;再依次脱下眼罩、口罩后用皮肤消毒擦拭纸巾擦手及身体其他可能接触到污物的部位。

图 2-2-13 卫生防疫包

表2-2-3所示为卫生防疫包物品。

表2-2-3 卫生防疫包物品

类别	项目	数量
卫生处置用品	消毒凝固剂	100克
	表面清理消毒片	1~3克
	皮肤消毒擦拭纸巾	10片
	便携拾物铲	1套
	生物有害物专用垃圾袋	1套
	吸水纸(毛)巾	2块
	医用口罩	1副
	眼罩	1副
	医用橡胶手套	2副
	防渗透橡胶(塑料)围裙	1条
个人防护用品	医用口罩	1副
	眼罩	1副
	医用橡胶手套	2副
	防渗透橡胶(塑料)围裙	1条
文件	事件记录本或机上应急事件报告单	1本(若干页)
其他	物品清单和使用说明书	1份

17)救生船(图2-2-14)

救生船是水上迫降的救生设备之一,用来帮助旅客尽快远离快速下沉的飞机,根据机型差异,救生船配备的数量各不相同,一般储藏在客舱内的天花板或行李架上。救生船上的设备有钩型小刀、登筏软梯、定位灯、充气阀门、海锚、救生绳、救生包。

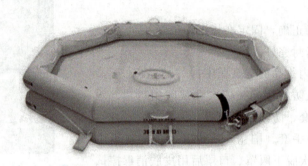

图2-2-14 救生船

18）救生包

救生包是为应急撤离后的自救而提供的设备，存放在救生筏内、滑梯包内或客舱靠近出口的行李架内，如存放在行李架内，乘务员必须在撤离时携带离开。

19）应急灯

确认应急灯能正常开关。

20）安全演示设备

检查安全演示设备是否在位、齐全（含救生衣、氧气面罩、安全带、安全须知）（图2-2-15和图2-2-16）。

图2-2-15　安全演示设备

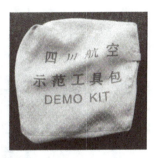

图2-2-16　安全演示包

21）各种须知说明

（1）确认每个座椅背后的须知说明（如安全须知卡、出口座位旅客须知卡）是否配备齐全，无损坏。

（2）检查各须知说明与航班机型是否匹配。

2. 服务设备检查

1）检查座椅（图2-2-17）

（1）检查座椅外观（如椅套、座椅部件、装饰板、杂志袋、扶手等）有无破损。

（2）确认座椅椅垫齐全，是否安装到位。

（3）检查座椅调节功能、小桌板功能是否正常。

图2-2-17　旅客座椅

2）检查控制面板

确认控制面板能正常工作，标识清晰，按键可正常操作。

3)检查广播、内话系统

确认广播、内话系统能正常工作,音质良好。

4)检查灯光、影音系统

(1)将灯光调节至适中亮度。

(2)检查电视画面是否清晰,影音系统的音质、音量是否良好。

5)检查旅客服务组件(图2-2-18)

检查阅读灯、通风口、呼唤铃等服务组件的功能正常,使用情况良好。

图2-2-18 旅客服务组件

6)检查行李架

(1)确认行李架表面及内部清洁、无损伤。

(2)确认行李架盖能正常开关,行李架锁功能正常。

(3)航前将行李架全部开启,让乘客能正常使用。

7)检查遮光板和舷窗

如果发现舷窗的机外层与中间层玻璃有裂纹,请立即将情况报告乘务长。确认遮光板都已打开。

8)检查并固定厨房设备(图2-2-19)

图2-2-19 机上厨房

(1)确认烤箱、烧水器、冰箱、储物柜等厨房设备能正常工作。
(2)检查餐车、水车、储物柜的锁扣是否齐全且扣好。

9)检查洗手间设备(图2-2-20)

确认洗手间门、洗手台、储物柜、马桶等厕所设备的外观无破损、无污渍、功能正常。

图2-2-20 机上洗手间

10)检查门帘
(1)确认门帘安装到位,表面无污渍、无破损。
(2)确认门帘挂钩完好,固定门帘的扣带齐全、无破损,能正常滑动门帘。

11)检查旅客止步带

检查旅客止步带有无破损,接头是否完好,功能是否正常。

12)检查毛毯

按规定数量放置指定位置,确认毛毯整洁、平整、无污迹、无破损、无异味。

13)检查衣帽间

确保衣帽间内无外来人员和外来物品。

14)乘务长/客舱经理检查客舱记录本(CLB)的内容

向地面机务或机组通报CLB的异常情况,确认排故情况。

15)客舱卫生检查

确认客舱地板清洁,无灰尘及残杂物等。在飞机上进行卫生检查时要按照从上至下、从左至右、从前到后的顺序进行,依次检查行李架、壁板、悬窗、头片、椅套、坐垫、座椅扶手、小桌板等。

3. 餐食清点与交接

抽查每辆餐车上、中、下餐盒或餐盘,确保餐食在有效期内、包装无破损,色泽鲜亮无异味,餐具齐全(刀叉、湿纸巾等)。

要求:抽查、目视、嗅查(眼到、手到、鼻到)。

在每个烤箱上、中、下部位随机抽取热食，确认无破损、无异味。确认特殊餐食到位，检查餐食数量并向乘务长汇报。

4. 机供品的清点与交接

飞机上的机供品是客舱服务项目中"物"的总称，乘务员应按照机上用品配备回收清单逐一清点，了解各机供品的品种、数量、质量和存放位置，报告乘务长，做好签收交接工作，清点完毕后由客舱乘务员向乘务长汇报。

5. 清舱管理

使用 PA 系统发出清舱指令。

清舱检查各号位乘务员的清舱落实情况，提醒安全员检查，并汇报机长。

6. 上客前准备就绪确认管理

水箱、污水系统确认就绪。

温度、灯光、音乐、娱乐系统准备就绪。

客舱卫生、垃圾袋、毛毯、枕头、耳机、头片等检查就绪。

报刊、入会卡摆放就绪。

餐食、机供品的清点核对就绪。

两舱热毛巾、迎宾饮料准备就绪。

高端旅客及金银卡旅客信息、服务准备就绪。

乘务员仪容仪表自查、互查就绪。

乘务员情感激励到位，正向情绪准备就绪。

7. 上客时间管理

根据地面服务人员通知的上客时间，请示机长。通知乘务组上客时间，根据各自站位，做好迎客准备。

问题解决与反馈：

如遇特殊问题，及时协调解决，向机长汇报。

如遇重大特殊事件，请示机长，或请示客舱部当天值班领导。

原则：控制事态，尽早解决。不影响航班正常上客，不影响航班正点起飞。

三、飞行实施阶段

1. 服务管理重心

客舱经理（带班乘务长）应关注"迎送客服务"。一线管理者牢牢抓住这两个服务关键点，就等于抓住了"头回客"和"回头客"的心。

在努力营造乘务组热情、温馨的服务氛围时，也需关注高端旅客或两舱旅客的服务。请适时投身至高舱位旅客的部分服务项目中，如"初始见面问候服务""餐饮选择推介服务""餐前悠闲品酒服务",使高端旅客亲历优雅贴心服务。

2. 迎客服务

(1)乘务长带领乘务组热情迎客。

(2)掌控节奏,营造热情主动、温馨亲切的氛围。

(3)组织、带领乘务员及时完成高端旅客、金银卡旅客、特殊旅客等服务。

(4)确保两舱乘务员引导每一位头等公务舱旅客入座,协助旅客摆放行李。

(5)确保经济舱乘务员把第一位登机旅客引导入座,并始终在客舱引导其余旅客入座、协助旅客摆放行李、回答旅客问题。

(6)指导乘务员处理旅客座位重号、物品保管等问题。

迎客服务规范:

①乘务员迎客时,身体或手肘不能靠在椅背上,必须在指定位置热情迎接旅客,面带微笑、主动问候旅客。

②积极主动地帮助旅客尽快找到座位;及时疏导站在过道的旅客,不能指责旅客挡住了过道,要通过自己的语言技巧尽快疏通客舱通道。

③乘务员绝不能站在指定的位置上不动,可以说"请对号入座"或"号码在行李架上,请对号入座"。

④指示座位时应五指并拢,手臂弯曲,指示远处时,可伸直手臂,不能用食指指点或翘兰花指。

⑤帮助老、弱、病、残、幼旅客入座。

⑥确认应急出口旁旅客资格。

⑦发现不符合客舱安全规定的行李物品,及时向乘务长报告。

⑧如时间允许,可对所有舱位的旅客提供报刊、枕头、毛毯服务。

3. 旅客餐食管理

(1)按照舱单人数,核对餐食数量(部分航班为"整餐低配")。

(2)对于餐食少缺的状况,灵活采取各种应对方法,向机长汇报,力保航班正点。

4. 关舱门前管理

(1)与地面服务人员核对旅客人数(数客情况下与地面人员、舱单一一核对,不数客时将舱单与地面人员所报数据进行核对)。

(2)各号位责任乘务员完成出口座位评估,并及时提出整改意见。

紧急出口座位旅客入座后,航空公司客舱乘务员应第一时间对旅客进行评估。

应急出口旅客的职责。在发生紧急情况时,坐在出口座位的乘客应能够协助机组人员具体完成如下工作。

①确认应急出口的位置。
②理解操作应急出口操作指令。
③评估出口处的外部情况,确保安全撤离。
④遵循机组成员给予的口头指令或手势。
⑤打开并固定好一个紧急出口,以使它不会妨碍乘客撤离。
⑥操作滑梯,评估滑梯状况并保持滑梯稳定,协助他人从滑梯撤离。
⑦迅速通过应急出口。
⑧评估、选择并沿着安全路线撤离飞机。

口头评估话术。
女士/先生,您好!
您现在所在的座位是飞机上的出口座位,根据民航当局的有关规定,请您先阅读《出口座位旅客须知》,如果有任何问题,请向乘务员提出。另外,还想提醒您的是,您座位旁边的是飞机上的应急出口,在正常情况下,请您不要触动机门上的任何装置,尤其是这个红色把手,以免发生事故,谢谢。

(3)确认客舱行李已安全摆放,确保机门口大件行李托运和非完全折叠式婴儿推车在机门口托运。

(4)检查所有随机文件已到位(舱单、货单、旅客名单、总申报单,部分航线喷洒药水及货舱药水交接单、票证等重要文件物品)。

(5)如果减客,要求地面服务人员报告机长并签字(提醒是否有托运行李)。

(6)确认飞行机组、客舱机组、安全员、跟班机务等人数到位。

(7)得到机长同意后,实施两人制关门。

5. 舱门待命管理

(1)及时发出清晰的待命操作和互检指令。

(2)严格要求乘务组实施两人制机门待命。

(3)根据各机型设备,进行前舱面板(FAP)确认。

(4)与各号位乘务员确认机门待命情况。

(5)根据机长航前准备会的要求对驾驶舱进行确认。

6. 客舱安全演示

旅客到齐,舱门关闭,欢迎词广播完以后,有录像播放设备的机型播放安全须知录像,不具备录像播放设备的机型或设备故障时乘务员进行安全设备示范。

通过预录视频或乘务员示范,旅客了解氧气面罩、救生衣、安全带的使用方法以及紧急出口的位置,以便紧急情况发生时旅客可以正确使用这些设备,把伤害降到最低点。

示范顺序：救生衣—氧气面罩—安全带—紧急出口指示—安全说明书。

所有航线均应示范安全带和紧急出口。

所飞航线高度超过 4 200 m(14 000 ft)时，均应示范氧气面罩。跨海及沿海飞行时应示范救生衣。

7. 起飞前安全检查

1) 客舱安全检查

(1) 乘务员保持大方、优雅的举止，切忌以命令式的口吻对待旅客。

(2) 从上至下检查，不漏检。对行李架、座椅靠背、遮光板、小桌板、安全带、客舱通道等进行逐一检查。

(3) 要求每位旅客系好安全带，收起小桌板、脚蹬，调直座椅靠背，打开遮光板，同时乘务员要扣好空座位的安全带。

(4) 确认同一排座位上不可有两名特殊旅客，一排座位上的旅客人数不可超过旅客头顶上方的氧气面罩数量。

(5) 固定好松散物品；过道、紧急出口处禁止堆放行李物品；行李架门全部关好、锁好。

(6) 拉开并扣好门帘，确认视频系统已关闭。

(7) 确认厕所内无人，马桶盖板已盖好，关闭和锁定洗手间门(起飞后及时打开)。

(8) 提醒旅客保管好手机、眼镜等小件物品，防止滑落。

(9) 乘务员必须独立完成客舱安全检查程序，不能与其他工作交叉进行。一名乘务员从经济舱第一排检查到紧急出口，一名乘务员从紧急出口后一排检查到经济舱最后一排。

(10) 检查完毕后，乘务长再复检确认，由乘务长向机长报告客舱准备完毕。

2) 厨房安全检查

(1) 关闭除照明外的所有厨房电源，固定好厨房松散物品。

(2) 踩好餐车刹车，锁好厨房内所有的箱、车、柜门及锁扣，拉开并扣好厨房内的窗帘。

(3) 调暗厨房灯光。

要求：此阶段停止一切与安全无关的客舱服务，乘务长对全客舱进行检查，确认安全到位。

8. 空中服务管理

飞机到达安全高度后，乘务员可为旅客开展各项服务工作。

1)报纸服务(图2-2-21)

报纸的拿法：乘务员可将报纸整齐呈扇形摆放在左手臂上，一次不得超过5种，刊头面向旅客露出，最下面放英文报纸做备份，要求做到整齐美观，种类齐全，为了方便旅客取阅，发放时应主动向旅客介绍配备的报纸种类，要注意左手四指并拢，手心朝上托住报纸的底部，拇指在里侧。右手四指并拢，手心朝上，大拇指轻扶在报纸的右上角，到达旅客面前时，呈标准站姿，面对旅客45°站立，面带微笑，目光柔和，身体略微前倾。介绍时注意语言合适、不单一。

取出报纸时注意：右手食指在上，拇指在下，将报纸移出，反手拇指在上，食指在下，正面递送给旅客，注意刊头在上正冲着旅客，根据光线情况，为需要的旅客打开阅读灯。乘务员出客舱时，要有停顿，给旅客反应的时间，步伐要慢，以免走过后旅客都没有反应或旅客需要乘务员返回来提供。注意和旅客要有眼神的交流。

图2-2-21 报纸服务

2)餐饮服务

(1)供餐时间。

①国内航线。

早餐：06:30—09:00。

午餐：11:00—13:30。

晚餐：17:00—20:00。

②国际航线。

早餐：07:00—09:30。

午餐：11:30—14:00。

晚餐：17:00—20:30。

(2)饮料服务(图2-2-22)。

经济舱饮料车里饮品的种类：果汁(橙汁、桃汁)、可乐、雪碧、矿泉水、咖啡、茶水。

饮料摆放原则：安全、整齐、清洁、美观。饮料标签朝外面对旅客，瓶与瓶之间要有空隙，不同饮料错开摆放，便于乘务员取出，主动向客人介绍饮料的品种。不要将杯子的包装纸取下，杯子的高度不超过矿泉水瓶的高度。取空杯子时，要用小毛巾垫取。

图2-2-22 饮料服务

(3)餐食服务。

表2-2-4所示为特殊餐食代码。

表2-2-4 特殊餐食代码

特殊餐食名称	四字代码	特殊餐食名称	四字代码
穆斯林餐	MOML	水果餐	FPML
印度教餐	HNML	海鲜餐	SFML
素食餐	VGML	生蔬菜餐	RVML
东方素食	VOML	清淡餐	BLML
西式素餐	VLML	低乳糖餐	NLML
耆那教餐	VJML	糖尿病餐	DBML
亚洲素餐	AVML	低卡路里餐	LCML
犹太教餐	KSML	低脂肪餐/低胆固醇餐	LFML
婴儿餐	BBML	低盐餐	LSML
儿童餐	CHML	无麸质餐	GFML

准备要求：提供点心时，将点心盒放置在餐车内，按标准发放。推餐车时，准备餐车布，餐盒摆放在餐车内，热食摆在餐车上。热食摆放不宜过高，发放时注意旅客安全，避免滑落。

供餐方式：从上至下拿出餐食，将餐食放在旅客的小桌板中间，为坐在里面的旅客提供餐食时需将热食放在餐盒上一并提供，需用语言提示旅客避免烫伤。

提示：提醒睡眠的旅客记得使用睡眠卡服务。

回收餐盒：准备空抽屉、托盘，携带小毛巾或湿纸巾；回收时先外后里，避免手臂交叉；餐车上放置空的塑料水杯拖，回收空杯子；将回收的餐盒整理整齐，整齐稳妥地摆放在餐车里。

(4)细微服务和客舱管理。

餐饮服务后，注意环境卫生；提示休息的旅客系好安全带；定时对厨房不安全行为进行排查；及时为特殊旅客提供细微服务。

9. 下降安全管理

飞机下降中进行安全检查广播之后，乘务员应完成下列检查。

(1)确认每位旅客系好安全带。

(2)禁止吸烟。

(3)椅背调成竖直状，脚垫收起。

(4)扣好小桌板。

(5)所有帘子拉开系紧。

(6)拉开遮光板。

(7)扣紧行李架。

(8)确保应急出口、走廊过道及机门旁无任何手提行李。

(9)婴儿被儿童安全带固定好。

(10)确认所有移动电话、便携式手提电脑等电子设备已关闭并存放好。

(11)旅客座椅处无饮料餐具。

(12)洗手间无人占用并上锁。

(13)无人座椅上的安全带已扣好。

(14)固定好厨房餐具、餐车及供应品。

(15)调暗客舱灯光。

(16)乘务员回座位坐好，系好安全带和肩带。

10. 送客服务管理

(1)在飞机未到达预定的停机位时，乘务员确认每一位旅客坐在座位上，系好安全带，不开启行李架。

(2)当飞机完全停稳后,信号灯熄灭,乘务长使用广播器下达所有舱门解除滑梯预位的口令,乘务员解除滑梯预位并进行交叉检查后,使用广播器报告乘务长。

(3)打开机门。

(4)欢送旅客离机。乘务长带领乘务员在客舱各舱位过道、机门处诚挚地向旅客道别,并表示感谢。根据天气情况提醒旅客加减衣物,并送上温馨的旅途祝福。与地面服务人员做好高端旅客的交接工作,并将高端旅客送至机门外。

11. 特殊事件管理

(1)在发生旅客不满意甚至投诉后,请与当事乘务员进行沟通,第一时间了解情况并做好记录。

(2)及时做好致歉、倾听和沟通工作,合理运用同理心与沟通技巧解决问题。

(3)根据事态发展和实际需要,可参考快速处置手册对一些事件进行赔偿处理。快处置手册制定的是相关赔偿方案的最高标准,客舱经理(带班乘务长)应兼顾公司与旅客的利益,根据实际情况权衡、决策适宜的赔付措施。

(4)在特殊事件的处理中,以"以客为尊"和"旅客满意"为大前提与大原则,继而根据实际情况与相关标准进行处理。

12. 航班延误、备降、返航管理

(1)机组人员得到延误、备降、返航信息后,应立即部署服务工作,通知各舱位乘务员做好广播等客舱服务与各项准备工作。

(2)乘务员要与飞行机组、地面服务人员保持沟通,及时向旅客传达最新信息。指挥各舱按延误、备降、返航航班服务要求进行服务。可根据航班实际延误时间长短、用餐时间、起飞时间等权衡加餐的决定。协助外站地面服务人员做好备降、返航后的旅客妥善安置事宜。对于未按服务手册要求服务的乘务员,首先采取激励的方式,肯定其所长,使其恢复自信。

(3)乘务长对乘务员尽量采取"大声表扬,低声批评"的工作方式。关注过程监控,航中及时给予指导和纠偏,作为管理者此时要注意自身的管理方式和说话的语气、语调,尽量稳定其情绪以保证安全和服务质量;在航后对其进行绩效管理。对于因旅客投诉等造成情绪不稳定的乘务员,给予其情绪安抚。

四、航后讲评与反馈

航后讲评阶段主要以带班乘务长综合讲评为主,以检查员点评和乘务员自评相结合的方式进行。讲评是总结航班服务工作,提高客舱安全管理和服务质量的重要环节,航后讲评的内容主要包括工作差错、典型事例、特殊乘客服务、应急突发事件的处置、乘客意见反馈、乘务员绩效沟通、改进乘务员工作建议等。

在讲评阶段要注意,一是达到互通信息的目的,在航后讲评阶段乘务组成员应将

航班中遇到的各种情况和处置方式进行经验和交流，提出相关注意事项，通过沟通建立良好的工作氛围。二是对整个航班进行总结，乘务长应认真总结航班安全服务工作的完成情况，表扬激励优秀的乘务员，点评航班服务中的典型案例，针对存在的问题和需要改进的方面提出要求，通过相互反馈和交流，不断提升乘务员的业务能力。

1. 安全服务管理

乘务长对本次航班的重点关注点进行讲评，区域乘务长需对本区域的航班情况进行总结。总结经验和教训，分享航班中的正负案例。

2. 绩效评价管理

乘务长根据乘务员在航班中的表现，给予乘务员客观公正的评价，并做好绩效沟通。评选出"阳光使者""爱心天使""当家巧手""空中卫士"等。对于航班违规的乘务员，第一时间在航班上进行沟通，促使其改正，如情况严重者或者无改进者，在航班结束后的讲评阶段与其进行绩效沟通，并做好质量记录。

3. 特殊情况管理

航班发生特殊情况时，在航班结束后第一时间向部总值班报告，并听从部总值班的指令进行后续工作的安排。如客舱经理（带班乘务长）本人认为有必要，可以要求整个机组回客舱部进行讲评。

五、特殊情况管理

1. 人为原因导致的特殊事件

乘务组先和机长沟通协商解决方案。乘务组解决不了的困难，向办事处寻求帮助，并向客舱部值班领导汇报，同时安抚组员情绪。

2. 自然或不可控因素导致的特殊事件

如果当地发生重大自然灾害，或者社会动荡事件，乘务长应联络所有组员，确保所有组员的人身安全；保持与飞行机组和办事处的联系，及时将信息传递给所有组员，做好组员的情绪安抚与维稳；及时与客舱部保持联系，向部总值班汇报。

模块二 客舱服务技能

任务实训

实训内容	基本要求	学习收获与反思
乘务员正在客舱内迎接旅客登机，各组乘务员根据以下几种情况进行练习。 1. 旅客带了大件行李，找不到地方放。 2. 旅客带了易碎物品。 3. 旅客不愿意坐在应急出口的座位。 4. 旅客把大件行李放在应急出口	1. 教师将学生进行分组，四到六个人一组； 2. 进行迎客的准备操作：每个小组选出一人为乘务长，其余同学为乘务员，同时请其他小组同学扮演旅客； 3. 每个组根据场景要求进行模拟，其他小组要认真观看，并做好记录； 4. 模拟结束后，各组同学进行讨论，每小组派一名同学上台总结模拟结果； 5. 评选出表现最优秀的一组	
乘务组进行安全设备演示训练	1. 教师将学生进行分组，四到六个人一组； 2. 安全设备演示结束后，各组同学进行讨论，每小组派一名同学上台总结模拟结果； 3. 评选出表现最优秀的一组	
乘务组完成起飞前安全检查	1. 教师将学生进行分组，四到六个人一组； 2. 安全检查结束后，各组同学进行讨论，每小组派一名同学上台总结模拟结果； 3. 评选出表现最优秀的一组	
乘务组完成平飞后的报纸服务	1. 教师将学生进行分组，四到六个人一组； 2. 各组同学进行讨论，每小组派一名同学上台总结模拟结果； 3. 评选出表现最优秀的一组	

学习评价

评分项目	评分值	评分内容	配分	自评得分	小组互评分	教师评价分
职业素养（30分）	课堂纪律（10分）	不迟到，不早退	5分			
		积极思考，回答问题	5分			
	6S管理（10分）	场地整齐干净；设备整洁摆放	10分			
	职业形象（10分）	着装按职业要求；妆容精致大方	10分			
实训操作（40分）	常规操作（20分）	按照标准操作；操作认真、效率高	20分			
	团队合作（20分）	能与他人合作	20分			
综合能力（30分）	沟通表达（30分）	语言表达流畅；用词恰当、语速适中	30分			

综合得分（自评20%；小组评价30%；教师评价50%）：

本人签字：　　　　　组长签字：　　　　　教师评价签字：

课后习题

(1) 迎客服务的要点有哪些？

(2) 当客舱呼唤铃的灯亮起后，乘务员该如何处置？

(3) 简述应急出口座位旅客的评估话术。

模块二　客舱服务技能

任务二　客舱服务规范

任务描述

客舱服务规范

学习目标

知识目标
(1)掌握客舱服务规范的主要内容；
(2)掌握客舱服务设备的使用方法；
(3)熟悉客舱服务的工作内容和质量标准。

能力目标
(1)能够较为熟练地完成对客服务工作；
(2)能够较为熟练地完成客舱基本流程。

职业目标
(1)培养学生认真负责、严谨细致、精益求精的职业态度；
(2)培养学生坚守初心、爱岗敬业、认真负责、以客为尊、无私奉献的精神。

思政融入

大爱无疆，云端之上架起旅客生命之桥

2019年7月16日，中国东方航空公司上海浦东至纽约MU587航班在飞行途中一位旅客突发不适。当乘务员来到旅客身边时，发现该旅客有咳血及心跳加快等症状。乘务员立即通报客舱经理，按程序启动机上急救措施，给旅客吸氧。随后，客舱经理则通过机上广播寻找医生协助，马上得到了一名中国籍及两名美籍医生的响应。乘务员得到医生的同意后，一同将旅客转移到公务舱平躺。由于旅客身体状况不稳定，本着生命至上的原则，机组决定就近备降到医疗条件较好的东京成田机场。由于执行国际航班的飞机载油较多，自身较重，为确保安全着陆，机组执行放油程序，空中放油45吨，并通知东京成田机场做好救治准备。东航成田机场地服接到备降通知后，立即请求当地机场急救、机场三关做好准备。航班安全落地后，东航地服向机组、救治医生了解旅客情况，向机场急救人员翻译病情，协助机场急救。工作人员通过客舱轮椅和升降平台车，转运旅客上救护车。患病旅客在东航两位地面服务人员的陪护下，送当地医院救治，生命体征趋于平稳，转危为安。

思政分析

生死时速之间，争分夺秒是对每一个生命的尊重和敬畏，亦是民航人对社会责任的担当与回馈。对于航空公司而言，每次空中放油都意味着成本的增加。实际上，航空公司需要付出的不仅是燃油成本，还需要付出人工、时间以及其他附加的费用成本。燃油有价，生命无价，为航空公司点赞！

在为生命护航的每一次保障中，民航人不负旅客重托，以责无旁贷的担当精神，始终秉承"三个敬畏"与"真情服务"的理念，守护每一个生命的希望，以实际行动深情诠释使命和担当。

案例导入

某航班旅客登机入座后，一旅客怀中抱着一个大件行李紧紧不放，乘务员提出放在行李架上，旅客坚持不肯，在没有多加沟通的情况下，乘务员立即提起了旅客怀中的行李并将行李塞入了其座椅上方的行李架，随后转身离去。旅客心中非常不满，直接向带班乘务长投诉该乘务员工作方法简单粗暴，没有耐心，对旅客不够尊重。

如果你是这名乘务员，会如何处理？

相关知识

一、客舱服务规范

1. 端

飞机上配备大托盘、小托盘和三分之二盘，要求竖端横送，端在盘子的后半部，或者左手端在托盘的中部边缘，右手端在托盘的右下角，左右手四指并拢托住盘子的下部，拇指放在盘子的外沿，大小臂成90°的夹角，尽可能端低些，靠近自己的身体。端托盘的手，沿着四边走，短短长长。端着托盘在客舱中转身时，身转盘不转。若是拿空托盘，应盘面朝里竖着拿,拇指在里,四指并拢在外,盘子垂放在身体一侧,盘子的内侧靠近自己的身体。端着托盘与乘客交谈时,托盘对着过道。注意把握好托盘与客人间的距离和高度。

2. 拿

拿杯子、酒瓶时,应拿在物品的下方 1/3 处。拿大饮料瓶时,拿饮料瓶的中部。拿空托盘时,托盘面朝里,底部朝外,自然垂直放在身体一侧(图 2-2-23)。

图 2-2-23 拿的动作

3. 倒

一般纸杯为盛热饮之用,塑料杯为盛冷饮及酒类之用,倒饮料时,要用小毛巾托住杯子底部,一般以水杯的七成满为宜,轻度颠簸时则以杯子的五成为宜,供餐时以杯子的八成为宜(图 2-2-24)。

图 2-2-24 倒的动作

倒冷饮时，先问旅客是否需要加冰，再倒至杯子七成满，倒热饮时杯子倾斜 45°，低于饮料车高度倾倒。

倾倒饮料时，上身略向前倾，夹紧手臂，壶嘴或瓶嘴对着过道，必要时乘务员可退后一步倒，注意杯口不要碰到瓶口，如果提供带汽的酒或饮料时，不要摇晃，应借助小毛巾盖住饮料瓶瓶口后打开，杯子倾斜 45°，以免泡沫溢出。

给小旅客倒饮料时倒至杯子的五成满，倒好后放在桌子中间，并告诉其家人。

倒白葡萄酒或红葡萄酒时，同型号的杯子分别倒至 1/3 和 2/3 满。

4. 送

送东西的原则是从前至后，先里后外，先 ABC 后 DEF，先女宾后男宾（图 2-2-25）。

乘务员身体面向乘客保持 45°，双脚并拢，立正站好，身体略微前倾，微笑，左手递送左侧的旅客，右手递送右侧的旅客，送出顺序为从前至后，先里后外，先左后右，先女宾后男宾。

送礼品：用大托盘送礼品时，要求摆放整齐、美观，航徽或标记正面对着客人，每次送礼品或其他东西时，要留有一份余地。如果是送礼品，则用大托盘，要求摆放整齐、美观。

图 2-2-25 送的动作

送饮料：用大托盘送饮料时，每盘摆 12～15 杯；如用水车送饮料，注意摆放原则，要求安全、整齐、清洁、美观。饮料标签朝外正对旅客，瓶与瓶之间要有空隙，不同饮料错开摆放，便于乘务员取出，送饮料时主动向客人介绍饮料的品种。不要将杯子的包装纸取下，杯子的高度不超过矿泉水瓶的高度为宜。水车上要铺上垫车布。取空杯子时，要用小毛巾垫取。冰桶朝机头方向摆放。

用水车送时，先拿杯子，再拿饮料瓶，右脚后退半步，在水车下方倒饮料。倒完后先将饮料瓶放回车上,再将水杯送给客人。

送果仁:放在筐内或小托盘上,字正向对着客人,拇指不能进入筐内或盘内,饮料送完即该送果仁。

送餐食:提供餐食时,从餐车内抽取餐盘,应从下往上依次抽取送出。送餐时应先调整杯把,与乘客右手呈45°,热食面向乘客送出。餐车门在客舱里随开随关,注意在客舱遇人时踩刹车,餐车不能离开人。

5. 放

放东西的原则是轻、稳、准。无论是在客舱还是在厨房里均要遵守这项原则。

6. 收

收杯子时从前向后,先外后里,与送的顺序相反。空杯子用托盘收,左边客人的用右手收,右边客人的用左手收。将杯子由里向外摆放,最多不能超过5个。

收餐盘时用空餐车收餐盘,餐车顶部放1个大托盘或塑料抽屉,用来放空杯子或空桶。

需要注意的是回收餐具时,应征得旅客同意后再收回。餐盘放入车内时,应由下而上。

7. 推拉餐车

推餐车:手扶在车上方两侧;拉餐车:手放在车上方的凹槽内。推拉餐车要控制好方向,随时注意踩刹车(图2-2-26)。

图2-2-26 推拉餐车

任务分析

客舱服务就是通过优良的硬件设施和乘务员优质的服务,为旅客提供家庭式的温馨的服务,自然、亲切、主动、及时、耐心的客舱服务,能够使旅客切身体验到温馨的客舱就是他们的空中之家。从服务流程上,客舱服务包括迎客服务、广播服务、安全介绍服务、报纸杂志服务、餐饮服务、目的地景点信息告知服务、落地送客服务。如果是国际航班,还会涉及入境、海关单发放、免费品销售等服务。从飞机舱位类型上,客舱服务可分为头等舱服务、公务舱服务和经济舱服务。

任务准备

(1)检查实训室服务设备。
(2)搜集不同航空公司客舱服务的相关要求。

任务实训

实训内容	操作要求	学习收获与反思
为旅客提供饮料服务	1. 每六人为一个乘务组,进行角色扮演; 2. 每组准备时间为五分钟; 3. 请各小组进行讨论,每组分号位进行饮料服务; 4. 各组乘务长抽签决定演示顺序; 5. 教师对演示内容进行点评	
为旅客提供报纸服务	1. 每六人一组为执行航班乘务组,进行角色扮演; 2. 每组准备时间为五分钟; 3. 请各小组进行讨论,每组分号位进行报纸服务; 4. 各组乘务长抽签决定演示顺序; 5. 教师对演示内容进行点评	

学习评价

评分项目	评分值	评分内容	配分	自评得分	小组互评分	教师评价分
职业素养 （30分）	课堂纪律 （10分）	不迟到，不早退	5分			
		积极思考回答问题	5分			
	6S管理 （10分）	场地整齐干净； 设备整洁摆放	10分			
	职业形象 （10分）	着装按职业要求； 妆容精致大方	10分			
实训操作 （40分）	常规操作 （20分）	按照标准操作； 操作认真、效率高	20分			
	团队合作 （20分）	能与他人合作	20分			
综合能力 （30分）	沟通表达 （30分）	语言表达流畅； 用词恰当、语速适中	30分			

综合得分（自评20%；小组评价30%；教师评价50%）：

本人签字：　　　　　　组长签字：　　　　　　教师评价签字：

课后习题

为什么要将所有饮料的标签都朝向旅客？

项目三

特殊旅客服务

客舱乘务员机上服务

任务一　服务需要特殊照顾的旅客

任务描述

服务需要特殊照顾的旅客

学习目标

知识目标
(1)了解特殊旅客的定义和分类；
(2)了解特殊旅客的承运规则；
(3)掌握特殊旅客的座位安排。

能力目标
(1)能够熟练掌握不同类型特殊旅客的心理特点及服务要点；
(2)能够熟练掌握特殊旅客的服务流程；
(3)能够掌握特殊旅客的交接工作。

职业目标
(1)培养积极进取、细致周到的职业素养；
(2)培养创新意识、责任意识和服务意识；
(3)培养团队凝聚力、执行力。

思政融入

温暖回家路，服务年长旅客

　　敬老、爱老是中华民族的传统美德，而年长旅客作为社会的特殊群体，更需要关心和帮助。在一次飞行中，一位老年旅客由于身体不适而呕吐不止，乘务员及时为他送上清洁袋、热水、热毛巾，并不断地嘘寒问暖，等呕吐后老年旅客发现他的假牙不见了，非常焦虑并告诉了乘务员。乘务员急乘客之所急，用手在污物中摸索寻找，功夫不负有心人，乘务员最终在一个呕吐袋里摸到了老年旅客的假牙并清洗干净，当乘务员将假牙送到老年旅客的手中时，他激动万分，连声向乘务员表示感谢。乘务员设身处地地从旅客的角度出发，把已经装入垃圾袋的清洁袋一个个打开，最终找到了乘客的物品，体现了高尚的职业道德情操。

思政分析

客舱乘务员这种全过程的耐心而周到的关注与服务，让旅客有一种宾至如归的感觉。有时候，乘务员虽然注意到了一些旅客面临的不便和困难，但往往由于客舱事务繁多而有所疏忽，这也启发乘务组要对特殊旅客的关注和照顾形成相应的服务机制，从而逐渐形成习惯，让每一位旅客感到安心和愉快。

此外，案例中的乘务员在服务的主动性和积极性上也值得大家借鉴和学习。很多时候，有些顾客可能不好意思主动地提出一些请求，也不太善于沟通，怕耽误乘务人员的其他工作。在这种情况下，乘务员应该多观察旅客们的情况，积极主动地与可能需要帮助的旅客沟通，主动地帮助他们解决一些不便和困难，解答一些困惑与不解，让旅客们以更加放松与愉悦的状态享受每一次旅行。

客舱乘务员要积极践行中国民航真情服务的理念，以精益求精的匠心精神，持续优化旅客的出行体验，对独自乘机的年长旅客、小旅客、病残旅客等特殊群体提供细致入微的服务和关怀，用最大的热忱和耐心将服务做到旅客的心坎上，传承"以客为尊、倾心服务"的精神品质。

案例导入

航班平飞后，乘务长依旧认真地进行着客舱巡视。此时，她来到了一名老人身边。登机时，细心的乘务长便已注意到这是一名独自乘机的老人。乘务长轻声地询问老人高寿，第几次自己单独乘机，落地谁来接他等问题。老人自豪地说："我今年八十五岁了，我身体很好的，经常一个人坐飞机，我今天是去看我侄儿的。"

交流许久后，乘务长回到服务间，此时，另一个问题又萦绕在乘务长的脑海之中："航班上，我们可以精心照顾好老人，可是落地后怎么办呢？"落地后，乘务长来到老人身边，笑着说："大爷，您先不要着急下机，您先把您侄子电话号码给我，我们联系好，确定地点后，再送您过去，您看行不？"老人很惊喜，立即找出侄子的手机号码交给乘务长。乘务长一手提着老人的行李，一手搀扶着老人，如此和谐的背影，很快融入南来北往的旅客当中。顺利见到老人的亲属后，乘务长告知他们，下次老人独自出行，可以申请航空公司为老年旅客提供的接送机服务。分手道别之际，老人握着乘务长的手连声说着感谢。

任务准备

随着经济全球化的发展,面对日益激烈的竞争,航空公司只有及时掌握旅客的心理需求,才能赢得旅客的赞誉,增加其在市场上的竞争力,认真地分析一下我们所面对的旅客,他们属于什么样的群体,又有什么样的行为表现,对于不同的群体和行为表现,我们应该用怎样的方式服务才是正确和有效的,改进服务不仅仅需要自我反思,还需要对服务对象进行准确认知,找准他们的特点,服务才能有的放矢。

相关知识

特殊旅客乘坐飞机常规通用程序

一、旅客登机——起飞前

1. 旅客信息获取

客舱经理(带班乘务长)通过移动客舱 PDA 系统或纸质 PIL 名单获取信息。旅客登机前 10 分钟,必须刷新一次移动客舱 PDA,以获取特殊旅客最新信息。

注:根据各地机场的资源情况做相应的时间调整。

2. 服务准备

客舱经理(带班乘务长)将获取的旅客信息传达给责任乘务员,部署好相关的服务任务。责任乘务员预留毛毯、枕头。

3. 旅客登机,起飞前的迎客服务

在机门口热情迎接特殊旅客,引导其入座并主动帮助提拿、安放行李。客舱经理(带班乘务长)与地面服务人员交接时确认《特殊旅客服务通知单》上的信息,如特殊旅客到达站、接送人姓名、地址、电话、特殊要求,以及有无随身携带行李或托运行李等,客舱经理(带班乘务长)在《特殊旅客服务通知单》上签字、留存。

如遇特殊旅客被安排在靠近紧急出口的座位上,要及时汇报客舱经理(带班乘务长),并做好调整。主动为旅客提供毛毯、枕头,以体现我们对旅客的关怀,并向旅客介绍周围的服务设施,如安全带、呼唤铃、阅读灯、临近的洗手间及其使用方法等。

4. 空中旅客关怀服务

乘务员要细心照顾特殊旅客,帮助其解决各种问题。随时掌握特殊旅客的空中生活情况,协助其看管好随身行李,并由责任乘务员填写《特殊旅客空中生活记录》

(有人陪伴者除外)或《无成人陪伴儿童空中生活记录》，由客舱经理(带班乘务长)签字确认。

如遇国际、地区航线，我们需要协助特殊旅客准确细致地完成CIQ单据的填写，并确认证件、填写单据摆放稳妥。如遇需值班的航班，组员间要做交接并填写特殊旅客照顾记录。

5. 落地前服务准备

飞机落地前30分钟，再次提醒飞行机组，机上有特殊旅客需要地面提供接站服务。下降时，再次与旅客沟通确认落地后最先或最后下机的相关事宜，做好落地后的服务准备。

6. 落地后的送客服务

乘务组与地面服务人员确认是否已准备好接机服务。下客时，帮助特殊旅客提拿行李并带领其到机门口，与地面服务人员办好交接手续，尤其要确认好旅客的证件和行李，请地面服务人员签字，留存乘务员的联系方式。如遇到达站地面服务人员无人来接或出现接机晚到的情况，乘务组需提醒机组再次通知相关部门，并与特殊旅客沟通好。注意：不可以委托其他旅客协助带其下机或者自行离开。

特殊旅客未下机前，客舱经理(带班乘务长)须亲自协同责任乘务员陪伴旅客一起等待地面服务人员的到来。如遇中途站乘务员换组，客舱经理(带班乘务长)需与地面办事处服务人员或衔接乘务组办理好交接手续。

如航班中有多位特殊旅客，必须由客舱经理(带班乘务长)明确每位特殊旅客的责任乘务员，确保每位特殊旅客都能按程序由带班人员与地面服务人员做好交接。杜绝因机门口送客人员未辨认出特殊旅客而任由旅客自行离去。

二、无成人陪伴儿童旅客服务

无成人陪伴儿童指已满5周岁(含)未满12周岁，且无家长或18周岁以上具有完全民事行为能力的成人旅客在同等舱位陪伴的儿童。单独乘机的儿童也就是通常所说的"儿童托运"，此类儿童必须办理无成人陪伴儿童运输的相关手续，方可接受运输。

1. 地面服务

无成人陪伴儿童登机前，由地面工作人员填写"无成人陪伴儿童空中飞行记录"等文件，然后将无成人陪伴儿童的机票、乘机申请书及旅行证件等运输凭证放入无成人陪伴儿童胸前的文件袋里。

无成人陪伴儿童登机时，由地面工作人员把儿童送上飞机，并向乘务长介绍其情况。乘务长应检查无成人陪伴儿童资料袋，核对其手提行李、交运行李牌等物品，确认无误后在签收单上签名。

将儿童安排在乘务员方便照顾的座位上。在飞机起飞或下降前,乘务员应在儿童腹部垫一条毛毯后再为其系好安全带。有些无成人陪伴儿童会因进入陌生的环境而紧张、害怕,我们可采取略微屈膝的方式,保持与无成人陪伴儿童平视的高度,亲切自然地与他们交谈,从而使其可以快速地适应一个新环境。乘务员可采用小朋友的语言向孩子介绍周围的服务设施,如安全带、呼唤铃、阅读灯、临近的洗手间及其使用方法。乘务员根据小旅客的年龄,主动为其提供儿童读物和玩具等(已赠送"儿童娱乐套包"就不用再次赠送小礼物),为已持有"飞行护照"的小旅客提供盖章及签名活动。

2. 餐饮服务

对年龄较幼小的无成人陪伴儿童,用餐时可帮助其分餐,并在餐饮的服务过程中始终给予高度关注。事先帮助其打开小桌板,将餐食摆放在小桌板上。饮料首选冷饮,以苹果汁、橙汁为主,如需提供热饮,以温热为主,倒杯子的5成满。对于提供热食的餐具,要有"小心烫"的语言提示,避免小朋友被烫伤,提供给小朋友的热食温度不宜过高。

3. 旅客关怀服务

根据航路时间长短,询问无成人陪伴儿童是否需要去卫生间。对于有需求的无成人陪伴儿童旅客我们可以带领他到卫生间,并告知卫生间内相关设施的用法,以及当飞机颠簸时如何固定自己。

为了让其放心,告知他们我们就在门外等候,让其无须害怕;对于较小的小朋友,我们可以帮助其穿脱或整理衣裤。

及时了解无成人陪伴儿童的冷暖,为其增减衣服或加盖毛毯;在航班到达时,根据降落站的天气预报给小朋友增减衣物,从而有效避免因穿着不宜而出现身体不适的现象。飞机下降时如无成人陪伴儿童旅客处于睡眠状态,需叫醒小旅客,以防压力变化压迫耳膜。对于年龄稍大些的无成人陪伴儿童旅客,乘务员可做示范,教会其减轻耳朵压力的办法。

4. 落地前的服务准备

帮助无成人陪伴儿童整理行装,并再次提醒其落地后要等"爱心姐姐"或"爱心哥哥"来接他(她)下机。再次确认无成人陪伴儿童旅客的安全带已扣好,做好落地后的服务准备。

三、老年旅客服务

"老吾老以及人之老",尊重老人是我们中华民族的传统美德,尊重老人是一种善良,人到老年,体力、精力开始衰退,对周围的事物反应缓慢,活动能力减退,动作缓慢,应变能力差,生理变化必然带来心理变化,因而心境寂寞,孤独感增加。作为乘务员，我们应尽可能地多去关照他们，使他们在得到帮助的同时感受到温暖。

老年旅客是指年龄超过65周岁的旅客。对于行动不便，不需要借助轮椅的老年旅客，可以参照无成人陪伴儿童的运输程序予以承运，其应与无成人陪伴儿童合并计数；对于身体虚弱，需要由轮椅代步的老年旅客，应视同病残旅客给予适当的照顾。

1. 地面服务

当行动迟缓的老年旅客出现在机舱门口时，乘务员应在征得同意的情况下搀扶其上下机。对提拿行李的老人，乘务员应主动征询，帮助其提拿、安放行李，安排座位，协助其系上安全带；关注老年旅客的安全，特别是对视力不好的老人，在其上下飞机的台阶时还需要口头提醒；向老年旅客介绍阅读灯、呼唤铃等服务设施的使用方法及临近洗手间的位置；与老年旅客讲话速度要慢，声音要略大。

2. 餐饮服务

供应餐饮时，乘务员应事先帮助旅客放好小桌板；供餐时，乘务员应主动介绍并提供一些清淡、易于消化、容易食用的餐食；提供饮料时，乘务员应根据其习惯提供低糖饮料或热饮等。

3. 旅客关怀服务

乘务员应做到：主动搀扶行动不便的老人上洗手间；经常主动关心询问老人需要什么帮助，根据老年旅客的要求或身体状况调节通风器，提供毛毯、枕头；客舱巡舱时，要主动询问其是否需要帮助，工作空闲时多与他们交谈，以消除其旅途中的寂寞；老年旅客容易产生腿脚肿胀、手脚麻木等不适现象，可视情况提供拖鞋或协助其离座活动，但要注意安全；老年旅客听不清机上广播时，要主动告知其飞行时间、距离以及现在飞机的状态等；老年旅客使用洗手间时，要及时归还其手杖，主动搀扶并为其开门，铺垫马桶垫纸，介绍冲水按钮等。

4. 落地前服务准备

对老年旅客携带的行李物品，乘务员要主动协助其提拿，在到达时提醒老人不要遗忘自己随身携带的物品，并帮助其检查（尤其是眼镜、证件等）。

四、孕妇旅客服务

1. 相关规定

（1）怀孕32周或不足32周的孕妇旅客乘机，除医生诊断不适宜乘机者外，按一般旅客运输。

(2) 怀孕超过32周不足35周的孕妇旅客乘机，订座前必须向航空公司提出申请，并提供包括下列内容的医生诊断证明：旅客姓名、年龄、怀孕时间、旅行的航程和日期、是否适宜乘机、在机上是否需要提供其他特殊照料等。

(3) 怀孕超过35周的孕妇旅客或预产期不确定但已知为多胎分娩或预计有分娩并发症者，不予接受运输。

机上孕妇旅客根据怀孕周期分为需签署免责书和正常旅客两种情况。对于签署免责书的孕妇旅客，客舱经理（带班乘务长）需与地面服务人员确认交接免责书，并通知到责任区域乘务员。

2. 迎客服务

区域乘务员主动协助孕妇提拿、安放随身行李；将孕妇安排在适当的座位，不能安排在紧急出口处，了解孕妇的情况是否符合乘机规定；为孕妇在小腹下部垫一条毛毯或枕头，将安全带系在大腿根部，并示范解开的方法。

3. 旅客关怀服务

主动向孕妇提供毛毯、枕头，提醒其系好安全带。介绍安全带、呼唤铃和通风器的使用方法及洗手间的位置，必要时给予协助。航程中随时了解孕妇的情况和需求，给予照顾。孕妇可能对飞机上的气味或者颠簸比较敏感，乘务员应多提供一个清洁袋、一块小毛巾、一杯温开水给旅客，以示我们的关怀。

4. 急救服务

如遇孕妇即将分娩，乘务员应立即报告机长，客舱经理（带班乘务长）立即对乘务组进行分工，尽快将孕妇安排到客舱隔离的适当位置，通过广播寻找机上的医务人员或有经验的女士来协助处理。在没有医务人员的情况下，关闭通风器，按照所学的知识，安排做好孕妇分娩工作，并通知地面乘组采取相应措施。

5. 送客服务

下客时，乘务员协助孕妇整理、提拿行李，再次感谢旅客并与旅客道别。

五、婴儿旅客服务（出生已满14日未满2周岁的婴儿）

1. 相关规定

基于安全方面的考虑，出生不足14天的婴儿不接受乘机。由于新生婴儿抵抗力差，呼吸功能不完善，飞机起飞、降落时因气压变化大容易对其造成伤害，因此航空公司规定婴儿旅客（出生超过14天、不满2周岁的旅客）必须有年满18周岁以上具有完全民事行为能力的成人随行。严禁将婴儿安排在出口座位，尽量安排在过道、前舱座位。为保证紧急情况下婴儿的用氧，婴儿必须被均匀分配在客舱中有备份氧气面罩的座位处。

2. 迎客服务

乘务员应主动帮助抱婴儿的旅客提拿、摆放随身行李,并将婴儿旅途中需要的物品(如奶瓶、尿片)放置在带婴儿的旅客便于拿取的地方。向旅客介绍座椅周围的服务设备、可更换尿片的洗手间位置,特别是呼唤铃、通风器的使用方法。调节通风口,避免通风口直接对准婴儿。

3. 旅客关怀服务

乘务员应做到:及时协助旅客调换座位,让婴儿及家人都能舒适地度过整个航程;主动提供毛毯、枕头,可让其垫在胳膊下,从而避免家长长时间怀抱婴儿时胳膊肘部与座椅扶手的硬性接触失去知觉,以体现我们对旅客的关心;主动提供婴儿安全带并协助家长系好安全带。

4. 婴儿摇篮服务

在有条件的机型上根据婴儿摇篮载重、长度限制提供婴儿摇篮服务。

飞机平飞后,可挂好摇篮,调整好通风器,注意不要让通风口直接对着婴儿及其监护人。挂好摇篮,检查安全插销到位,并让带婴儿的旅客确认摇篮安装牢靠,铺好毛毯和枕头,让婴儿平躺在摇篮里,并拉上拉链,在飞机下降前收回以上用品。

5. 送客服务

下机前,帮助旅客整理好随身携带的物品,并妥善放置;帮助旅客及时取出婴儿车并在廊桥口打开;需机门口提取的托运婴儿车,及时通知地面服务人员将婴儿车送至机门口。

六、重要旅客服务

1. 相关规定

重要旅客(VVIP、VIP)是指有较高身份、地位和知名度,在相关国家和地区或航空公司等有较大影响力的人物,或者是与航空公司关系密切的政府、企事业单位的决策人,也称为要客或者贵宾。一般而言,重要旅客更注重环境的舒适性和接受服务时的心理感受。他们的自尊心强、自我意识强烈,希望得到尊重。同时,由于他们乘坐飞机的机会比较多,在乘机过程中会有意无意地对机上服务进行比较,希望得到个性化、更精细的服务。

2. 地面服务准备

根据移动客舱设备提供的旅客餐饮喜好,确认相关机供品的配备,做好餐饮偏好服务准备。确认座椅设备、娱乐设备完好,客舱环境整洁,温度、灯光适宜。准备好毛毯、枕头、拖鞋、报刊、热毛巾与迎宾饮料。乘务组再次确认个人仪容仪表靓丽自然，乘务长和专人负责乘务员站在机门口处，迎接旅客上机，第一时间进行问候和引导旅客入座。

3. 迎客服务

乘务员主动向重要旅客进行自我介绍，并送上旅途祝福与问候，以表达欢迎和尊重。如果是外籍旅客，用英文或旅客的母语进行问候。将旅客的行李从送行人员手中接下，合理安置并确认行李件数，确认旅客陪同人数和座位号。乘务长与地服人员做好交接，确保地空服务衔接。引导旅客入座，乘务长适时地做自我介绍，并代表整个机组向旅客表达欢迎之意。

4. 旅客关怀服务

主动为重要旅客提供餐谱和酒水单，并介绍餐食内容，询问旅客享用餐饮的时间，征求其意见，确定预选的品种，并做好记录。根据旅客的实际需求或征求随行人员的意见调整供餐时间。优先为重要旅客提供餐饮服务。用餐完毕，乘务员征询旅客对餐饮和服务的意见。对于入座经济舱的重要旅客可指定一名乘务员为其提供一对一的服务，关注其动态，及时满足服务需求，乘务长也应在服务的各个环节对其进行关注。得到预计到达时间的当地天气状况后，及时告知重要旅客，征求其对服务的建议，并表示感谢。

5. 送客服务

安排重要旅客优先下机。主动帮助旅客提拿行李并确认件数，与地服人员做好交接工作。如果旅客需要转机，开门后及时将需要中转的旅客信息交接给地服人员。

七、盲人旅客服务

1. 地面服务

除办理特殊服务的盲人旅客外，有时我们还会遇见未办理特殊服务的盲人旅客，我们应征得其同意的情况下对其进行搀扶。引导入座后第一时间告知客舱经理（带班乘务长）。主动向盲人旅客做自我介绍，帮助其提拿、安放行李。

在为盲人旅客提供服务时需要掌握一些技巧，如在引领时，要做到嘴勤，可以询问他们习惯什么样的引领方式，按照他们的习惯去引领。有的人可能比较独立，不愿意让人引领，那我们可以不接触他们的身体，但一定要不露声色地观察，不要一遇到拒绝就觉得挺委屈。我们应扶着盲人旅客的手，让他在你的左后位置行走，同时不断提醒方向，引导其入座，并介绍其座位处于客舱的哪个位置。

盲人旅客就座后，帮助其安放手提物品，系好安全带并讲解解开的方法。如旅客随身带有导盲犬，可放在盲人旅客座位的前面，将导盲犬的头朝向过道，并对周围的旅客做好解释工作。帮助旅客妥善放置好盲杖，可以拉着他的手摸一下盲杖所在的位置以方便其随时使用。

就座后,乘务员主动帮助其触摸安全带、呼唤铃、通风器的位置并告知使用方法,介绍紧急设备(救生衣、氧气面罩等)的位置和使用方法,以及紧急出口的方向。

2. 餐饮服务

供应饮料和餐食时,乘务员应做到:将餐盘内的各种食物和饮料的摆放位置告诉旅客,亦可引导其自己触摸。帮助其打开餐盒盖、餐具包,如有需要,协助其分好餐食。可告诉旅客从哪个位置开始食用,并提醒其餐食的温度。可由专人负责,经常询问盲人旅客的需求。

3. 旅客关怀服务

乘务员应做到:引导盲人旅客进、出洗手间,并带领其触摸洗手间内的设备,向其介绍使用方法。下降时,再次与旅客沟通,确认最后下机事宜。

4. 送客服务

下机时了解盲人旅客到站是否有人来接,主动送其下飞机,交代地面工作人员给予照顾。

八、聋哑旅客服务

1. 迎客服务

除办理特殊服务的聋哑旅客外,我们还会遇见未办理特殊服务的聋哑旅客,当意识到这是一位特殊旅客时,乘务员应引导其入座后第一时间告知客舱经理(带班乘务长)。

聋哑旅客登机后,乘务员以书面形式与聋哑旅客进行沟通,向其介绍紧急设备、服务设施的使用方法,卫生间的位置,供应的餐饮以及航线概况。

2. 旅客关怀服务

随时掌握聋哑旅客的空中生活情况,提供适当的关注和必要的帮助。飞行中,由于聋哑旅客听不到客舱广播,因此乘务员要将如延误或改航班等重要信息通过手语或书面形式告知旅客。供餐前,乘务员应提前为聋哑旅客写好餐食或饮料的品种。飞机下降前,乘务员应以书面形式告知聋哑旅客到达目的地的时间、温度及下机相关事宜。

九、轮椅旅客服务

1. 相关规定

WCHR(wheel chair for ramp):这类旅客可以自行上下飞机,并在机舱内可走到自己的座位上。

WCHS(wheel chair for step)：这类旅客不能自行上下飞机，但在机舱内可走到自己的座位上。

WCHC(wheel chair for cabin)：这类旅客完全不能自己行动，需要别人的搀扶或抬着才能进到机舱内的座位上。

WCHR 的旅客数量没有限制，但 WCHS 和 WCHC 每一航班每一段限载 2 名旅客。

2. 迎客服务

轮椅旅客要优先其他旅客登机，尽量安排在靠过道的座位上。主动搀扶可以行走的轮椅旅客上机，帮助其提拿、安放行李，协助其就座并为其系好安全带；严重者由地面工作人员直接接送并安置到座位上。每架飞机客舱内仅限存放 1 个可折叠式轮椅，且应存放在封闭式的储藏间内。帮助旅客妥善放置好随身拐杖，并及时提供给其使用。

3. 旅客关怀服务

飞行中，如果轮椅旅客用餐、上洗手间等有困难，应主动、细心地给予照顾。根据年龄特征，热心推荐适宜的餐食和饮料。关注其用餐情况，及时收回餐盘以方便轮椅旅客行动。搀扶需要帮助的旅客去洗手间，介绍飞机颠簸时如何固定保护自己。在帮助轮椅旅客时，由于乘坐轮椅视线高度较低，所以在交往中，与他们的视线平视至关重要。

4. 落地前服务准备

飞机下降前，乘务长应通知地面工作人员准备轮椅，并根据情况决定是否需要使用升降车。乘务员要帮助旅客整理好随身物品，告知其下机后的相关事宜。飞机下降时，再次与旅客沟通，确认最后下机事宜。飞机下降前通知机组与地面人员联系，为旅客准备轮椅。下机时，要主动搀扶可以行走的轮椅旅客到舱门处，协助其坐上轮椅，并与地面工作人员做好交接。

十、担架旅客服务

1. 旅客登机前

担架旅客乘机时，乘务员要事先了解其病症、到达站、有无医务人员或家人陪同、担架是否随机以及有无特殊要求等。

2. 迎候安置服务

由地面专人将担架旅客送上飞机与客舱经理（带班乘务长）进行交接，担架旅客先上飞机。如担架随机，乘务员将担架旅客安排在已拆去座椅的区域，不影响过往通道。如担架不随机，要在座椅上铺垫毛毯、枕头，根据病情让病人躺卧。帮助其系上安全带，让病人头朝机头方向，下降时用枕头或毛毯垫高其头部或根据情况可将其头部朝机尾方向。

3. 旅客关怀服务

飞行中指定专人负责经常观察、询问旅客及其陪同人员的情况，并根据其需求尽可能提供帮助。

4. 餐饮服务

依据旅客的具体情况以及陪同人员的建议提供餐饮。关注其用餐情况，及时收回餐盘。

5. 落地前服务准备

飞机下降时用枕头、毛毯垫高其头部，并提醒陪同人员在起飞、下降和颠簸时注意安全。下降时，再次与旅客沟通，确认最后下机事宜，提醒病人躺好，提醒陪同人员扶稳病人和担架。

下机时，了解到达站有无车接。到站后，让病人最后下飞机，协助其整理、提拿手提物品，护送病人下机、上车。与陪同人员进行沟通，了解担架旅客的病情，以便调整服务预案。根据目的地的接站情况提供升降车服务。

任务实训

实训内容	基本要求	学习收获与反思
服务无成人陪伴儿童	1. 教师组织学生进行分组，六个人一组，并选出小组负责人；	
服务盲人旅客	2. 小组成员分别扮演乘务长、其他乘务员、儿童（盲人、老年）乘客、普通乘客和携带婴儿的乘客； 3. 每小组在模拟时，其他小组要认真观看，并做好记录；	
服务老年旅客	4. 模拟结束后，小组进行讨论分析； 5. 每小组派一名同学上台总结模拟结果	

学习评价

评分项目	评分值	评价内容	配分	自评得分	小组互评分	教师评价分
职业素养（30分）	课堂纪律（10分）	不迟到，不早退	5分			
		积极思考，回答问题	5分			
	6S管理（10分）	场地整齐干净；设备整齐摆放	10分			
	职业形象（10分）	着装按职业要求；妆容精致大方	10分			
实训操作（40分）	常规操作（20分）	按照标准操作；操作认真、效率高	20分			
	团队合作（20分）	能与他人合作	20分			
综合能力（30分）	沟通表达（30分）	语言表达流畅；用词恰当、语速适中	30分			

综合得分（自评20％；小组评价30％；教师评价50％）：

本人签字： 组长签字： 教师评价签字：

课后习题

(1) 乘务员应如何为老年旅客提供服务？

(2) 乘务员如何在飞机上为无成人陪伴儿童提供餐饮服务？

(3) 简述轮椅旅客的分类。

任务二 服务需要特殊关注的旅客

任务描述

服务需要特殊关注的旅客

学习目标

知识目标
(1)了解需要特殊关注的旅客的行为特点和服务要点;
(2)掌握需要特殊关注的旅客的运输条件。

能力目标
(1)能按标准为晕机旅客提供细微服务;
(2)能运用服务技能,满足飞行工作各阶段中特殊旅客的不同需求。

职业目标
(1)培养学生积极进取、细致周到的职业素养;
(2)培养学生的创新意识、责任意识和服务意识;
(3)培养学生的团队凝聚力、执行力。

案例导入

没有预定特殊餐食的旅客

在上海飞往郑州的某航班上,在送餐时,几名旅客向乘务员提出,自己不吃猪肉,问乘务员有无其他品种的餐食,乘务员简单回复了一句:"今天只配备一种猪肉饭,并且这个航班也没有备份素食。"恰好,这句话被身后的乘务长听见。乘务长第一时间向旅客致歉,表示公司没有考虑周全,在此条航线上仅配备了猪肉米饭,且未准备备份餐食,给旅客带来不便。随后乘务长征询了旅客的用餐需求,从头等舱取来了热面包和水果。在旅客愉快用餐后,乘务长告知旅客,如需特殊餐食需提前24小时致电公司进行预定。旅客对该航班的配餐情况表示了理解,同时向乘务长表示了感谢。乘务长在航后向公司有关部门提出了调整此航班餐食配备的合理化建议,以供公司负责制定餐食标准的部门参考和改进。

1. 首次接触

提供餐饮服务过程中旅客提出需要特殊餐食,乘务员应先了解旅客的诉求,如机上配备餐食不能满足旅客要求时,我们可以利用机上现有资源,如头等舱餐食、面包、小食品等进行调整,来满足旅客需求。

话术:

"您好,女士/先生,您能告诉我您需要什么样的餐食,我会用机上现有资源给您准备。"

"您好,女士/先生,很抱歉,您所需要的餐食今天没有配备,我可以为您提供一些头等舱的面包、水果或饮料,供您挑选。"

2. 首次回应

乘务员在服务过程中要多站在旅客的角度思考问题,要有"过程"意识。即使无法满足旅客的需要,也要让旅客感受到我们的诚意。

话术:

"您好,女士/先生,这是为您准备的头等舱现烤热面包和水果,您看可以吗?"

"您好,女士/先生,这是我们为您准备的素食(或其他种类餐食),请您享用。如果您还需要喝点什么饮料请您告诉我,我马上为您送来。"

"您好,女士/先生,今天为您准备的餐食您还满意吗?为了让您下一次有更加愉快的乘机体验,在您下次乘机前请您提前24小时致电××××××预定您的特殊餐食,谢谢!"

3. 应变

服务过程中,如遇到旅客提出特殊餐食,乘务员应做到:首先,不要直接拒绝旅客,应站在旅客心理和生理的立场上积极帮助旅客。让旅客既能不饿肚子还能在心理和生活习惯、宗教信仰等方面得到满足。其次,在后续的服务过程中持续关注旅客,在合适的沟通中告诉旅客特殊餐食的预订办法。带班乘务长可根据航线特点及旅客需求,向公司相关部门提出合理化建议。

任务准备

需要特殊关注的旅客服务(无须填写特殊服务通知单)包括:预定特殊餐食的旅客、晕机旅客、肥胖旅客、睡眠旅客、宗教人士、羁押旅客、遣返旅客。

模块二 客舱服务技能

> **相关知识**

一、预定特殊餐食的旅客服务

1. 服务准备

客舱经理（带班乘务长）通过移动客舱 PDA 系统或纸质 PIL 名单获取信息，通知到区域责任乘务员，责任乘务员与旅客进行确认。为确保特殊餐食的色泽，责任乘务员应该遵照餐食烤制的时间、温度等对特殊餐食进行制作。

如未寻找到订餐客人，可将特殊餐食保留至供餐结束后再为其他需要此餐食却未预订的旅客提供。

2. 供餐服务

责任乘务员在供餐时，优先为预订特殊餐食的旅客提供，主动征询该旅客对特殊餐食的意见，并将旅客的意见汇报客舱经理（带班乘务长）。

二、晕机旅客服务

1. 旅客关怀服务

航程中发现有晕机现象的乘客，乘务员应做到：指导或帮助晕机旅客解开领带（扣）、腰带和安全带，让其保持安静，给予语言安慰；帮助其调整通风器和座椅靠背，打开清洁袋；提供温开水和小毛巾，必要时可提供晕机药；晕机药最佳服用时间为起飞前三十分钟至四十分钟，提供晕机药前旅客应在《应急医疗设备和药品使用知情同意书》（配备在乘务长箱包内）上签字。

晕机旅客呕吐后，乘务员应做到：及时提供温开水和小毛巾，并更换清洁袋；及时擦拭被弄脏的衣服、行李和地毯；如果座椅被弄脏了，有条件时可为乘客调换座位，没有空座位时，应将座位擦拭干净后铺上毛毯再让乘客就座。

2. 客舱清洁服务

飞机落地后，若旅客呕吐在地毯、椅子上，乘务员应立即采取措施清洁或遮盖，避免影响到其他旅客下机。对无法清洁的地毯和座椅，在飞机落地后通知地面有关部门处理，并做好清洁的复查落实工作。

三、肥胖旅客服务

肥胖旅客服务要注意以下几点：
（1）尽量提供较宽敞的座位，注意观察，必要时提供加长安全带。

(2)让其使用机上较大的洗手间。
(3)落地后及时收回加长安全带。

四、睡眠旅客服务

为睡眠旅客提供服务时,乘务员应注意以下几点:

(1)旅客睡觉时应调暗客舱灯光,适当调节客舱温度(20℃~24℃),注意"三轻"(说话轻、走路轻、动作轻)。当旅客看书睡着了,应帮忙关闭阅读灯、通风口,放下遮阳板,轻轻为其盖上小毛毯。

(2)为想睡而未睡的旅客放倒座椅,提醒旅客系好安全带。

(3)供应品(如果仁、纸巾)可放在小桌板上,或交给同行者。饮料、餐食暂不送出,在旅客座椅前方贴上睡眠卡,在备忘录上记录,交代其他乘务员,并保留好餐食,等旅客醒后向其说明、补送。

五、宗教人士服务

为宗教人士提供服务时,乘务员应注意以下几点:

(1)尊重旅客的宗教信仰,不随意评论,不涉及其宗教禁忌。
(2)如有宗教人士上机,要确认机上是否有适合的餐饮。
(3)如宗教人士已订餐,根据餐食单及时提供。
(4)了解其特殊餐食习惯,按其要求提供服务。
(5)尽可能满足其特殊要求。

六、羁押旅客服务

乘务长确认并接收羁押旅客后,必须将羁押人员的相关信息向机长、安全员及乘务组人员做通报,提醒乘务组全体人员对该旅客实施全程监控。不要声张,不得将羁押旅客的身份信息暴露给其他旅客。飞行中加强与安全员、羁押解旅客的沟通协作,密切关注在押旅客的动态。在运输过程中,要与公安部门配合。

根据相关规定或相关部门指令,安排其座位。避免将其安排在靠近窗口或机门的座位上,以防出现意外(情绪失控乱动机门等)。供餐时,避免其使用金属刀、叉等用具。尽量少提供饮料,禁止提供含酒精的饮料。

根据有关部门指令,安排其下机,并认真检查其座位周围的遗留物品。

七、遣返旅客服务

根据相关规定或相关部门指令,接收地面人员交接给我们的旅客护照和相关证件,可委托安全员保管。避免将其安排在靠近窗口或机门的座位上,以防出现意外(情绪失控乱动机门等)。旅客的情绪有可能处于低落和波动中,注意服务的态度和言语。供餐时,避免其使用金属刀、叉等用具。禁止提供含酒精饮料。

根据有关部门指令,安排其最先下机,并认真检查其座位周围的遗留物品。

任务实训

实训内容	基本要求	学习收获与反思
在某航班上,乘务员正带着甜美的笑容迎接旅客登机。乘务长与地面工作人员进行《特殊旅客服务通知单》的交接,本次航班有一位旅客晕机,请乘务小组根据特殊旅客服务规范进行模拟航班服务。	1. 教师组织学生进行分组,四到六个人一组; 2. 进行迎客的准备操作:每个小组选出一人为乘务长,其余同学为乘务员,同时请其他小组同学扮演晕机旅客; 3. 每个组根据场景要求进行模拟,其他小组要认真观看,并做好记录; 4. 模拟结束后,各组同学进行讨论,每小组派一名同学上台总结模拟结果; 5. 评选出表现最优秀的一组	
某航班餐饮服务后,乘务员在巡视客舱时发现睡眠旅客,此时,应如何为睡眠旅客进行细微服务?	1. 每两人一组进行练习,一人为乘务员,一人为睡眠旅客; 2. 按服务的要求和规范,为睡眠旅客提供毛毯服务; 3. 模拟结束后,请睡眠旅客谈谈感受,指出乘务员服务的不足之处	

学习评价

评分项目	评分值	评分内容	配分	自评得分	小组互评分	教师评价分
职业素养（30分）	课堂纪律（10分）	不迟到，不早退	5分			
		积极思考，回答问题	5分			
	6S管理（10分）	场地整齐干净；设备整洁摆放	10分			
	职业形象（10分）	着装按职业要求；妆容精致大方	10分			
实训操作（40分）	常规操作（20分）	按照标准操作；操作认真、效率高	20分			
	团队合作（20分）	能与他人合作	20分			
综合能力（30分）	沟通表达（30分）	语言表达流畅；用词恰当、语速适中	30分			

综合得分（自评20%；小组评价30%；教师评价50%）：

本人签字：　　　　　　组长签字：　　　　　　教师评价签字：

课后习题

(1) 飞机上有一位晕机旅客要呕吐，客舱乘务员应该如何为其提供服务？

(2) 飞机平飞后，客舱乘务员在发餐服务过程中发现一名睡眠旅客，应该如何处理？

模块三

客舱设施与服务

项目一
客舱服务设备分类及使用

任务一　客舱服务组件(PSU)操作

任务描述

客舱服务组件(PSU)操作

学习目标

知识目标

学习阅读灯、阅读灯控制开关、呼叫按钮、呼叫指示灯、通风孔等服务组件的使用方法。

能力目标

掌握服务组件的操作方法和注意事项。

职业目标

逐渐养成认真负责、严谨细致、精心专注、精益求精的职业态度。

案例导入

某远程航班上，头等舱有一排座位的娱乐系统故障，无法正常使用。乘务员在旅客登机后，对入座的旅客第一时间说明情况并致歉，旅客稍有不悦。当乘务员发现有一名旅客正是一周前乘坐自己执飞航班的王女士及其两个孩子时，乘务员立刻上前对旅客进行亲切的问候。由于乘务员能够准确地记住王女士的姓名和用餐习惯，以及两个小朋友爱看的动画片等，王女士感到非常惊喜，并与乘务员聊天，抒发不满情绪。乘务员一边倾听，一边为旅客耐心地解释，同时还与客舱经理进行沟通，给小朋友调换座位，方便王女士照顾两个孩子。之后，乘务员还送给小朋友魔方和趣味折纸，小朋友非常开心，王女士也早已没有了不满情绪，还主动与乘务员"拉家常"。飞机平飞后，乘务员第一时间为王女士介绍机上 Wi-Fi 的使用方法，并且利用机上 Wi-Fi 为小朋友下载他们最喜欢看的动画片，小朋友开心地直拍手，作为母亲的王女士对飞机上的服务工作表示了肯定。

思考：该案例给我们带来怎样的启示？

> 相关知识

客舱服务组件（Passenger Service Unit，PSU）包括下列部件：阅读灯、阅读灯控制开关、呼叫按钮、呼叫指示灯、通风孔和旅客信息组件。旅客信息组件包括请勿吸烟和系好安全带信号灯、扬声器。

客舱服务组件操作流程

1. 阅读灯

当按下阅读灯开关时，阅读灯亮；当再次按下阅读灯开关时，阅读灯灭。如图3-1-1所示。

图 3-1-1 阅读灯

2. 呼叫按钮

当按下呼叫按钮时，位于旅客座椅上方服务组件 PSU 上的呼叫显示灯亮，同时，位于前、后乘务员工作岗位上方显示面板上的蓝色呼叫灯亮，并伴有一声高音钟声。如图3-1-2所示。

图 3-1-2 呼叫按钮

3. 通风孔

当旅客向左旋转通风孔时，通风孔打开；当旅客向右旋转通风孔时，通风孔关闭，如图3-1-3所示。

图3-1-3 通风孔

4. 旅客信息组件

（1）"请勿吸烟"信号灯开启时，禁止吸烟。

（2）飞机在滑行、起飞、下降、着陆和遇有颠簸时，"系好安全带"信号灯亮。系好安全带信息控制按钮安装在驾驶舱，每次打开或关闭时均伴有单低谐音。

（3）扬声器俗称喇叭。

如图3-1-4所示。

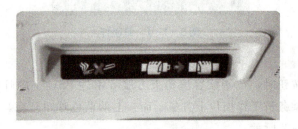

图3-1-4 旅客信息组件

任务分析

除了要符合民航局对客舱乘务员的资质要求外，各家航空公司对乘务员还有各自不同的要求。总体来说，乘务员应具备良好的职业形象、扎实的专业知识和娴熟的业务技能，从而能够胜任客舱乘务员的岗位要求。

模块三 客舱设施与服务

任务准备

（1）检查实训室服务设备。
（2）搜集特殊旅客服务的要求。

任务实训

实训内容	操作要求	学习收获与反思
介绍客舱服务组件，准确说出检查项目名称	1. 每六人一组进行角色扮演，对客舱服务组件进行介绍； 2. 每组准备时间为五分钟； 3. 各组组长抽签决定演示顺序； 4. 教师对演示内容进行点评	
为首次乘机的老年旅客介绍客舱服务设备	1. 每六人一组为执行航班乘务组，三位同学扮演特殊旅客(老年旅客)，三位同学扮演乘务员，乘务员为首次乘机的老年旅客介绍客舱服务设备； 2. 每组准备时间为五分钟； 3. 请各小组进行讨论，每组分号位进行客舱迎客服务； 4. 各组组长抽签决定演示顺序； 5. 教师对演示内容进行点评	
当客舱温度太低、通风孔风量太大时，乘务员该如何处理？	1. 每六人一组为执行航班乘务组，讨论：当客舱温度太低、通风孔风量太大时，乘务员该如何处理？ 2. 每组讨论时间为十分钟； 3. 各组组长抽签决定演示顺序； 4. 教师对演示内容进行点评	

学习评价

评分项目	评分值	评价内容	配分	自评得分	小组互评分	教师评价分
职业素养（30分）	课堂纪律（10分）	不迟到，不早退	5分			
		积极思考，回答问题	5分			
	6S管理（10分）	场地整齐干净；设备整洁摆放	10分			
	职业形象（10分）	着装按职业要求；妆容精致大方	10分			
实训操作（40分）	常规操作（20分）	按照标准操作；操作认真、效率高	20分			
	团队合作（20分）	能与他人合作	20分			
综合能力（30分）	沟通表达（30分）	语言表达流畅；用词恰当、语速适中	30分			

综合得分（自评20%；小组评价30%；教师评价50%）：

本人签字：　　　　　组长签字：　　　　　教师评价签字：

课后习题

（1）你认为乘务员应具备哪些职业素养？

（2）当客舱呼唤铃的灯亮起后，乘务员该如何处理？

任务二　客舱座椅种类及服务设备使用

任务描述

客舱座椅种类及服务设备使用

学习目标

知识目标

学习可调式软垫座椅、小桌板、安全带、座位背部的储藏袋等设备的使用方法。

能力目标

掌握客舱座椅及客舱服务组件的操作方法和注意事项。

职业目标

培养"安全第一，旅客至上"的职业精神，在服务过程中，注意形象大方、举止得体、态度诚恳。

案例导入

某航班上，一名携带婴儿的旅客坐在51J。航班按时起飞大约10分钟后，孩子在睡觉，客人在聊天，此时不知什么原因扶手掉了下来，孩子的左手食指受伤了。当时客人马上叫空乘提供包扎措施，航班也立即返航。返航后，机场安排工作人员叫了救护车，并联系医院立刻处理紧急情况，将客人送到医院继续救治。

案例分析

(1)通过此案例，提醒乘务组在航行中应多关注特殊旅客，尤其是带孩子的旅客，上机后在妥善存放好行李物品的同时，要全面细致地介绍机上服务设备及其使用方法、注意事项。

(2)乘务组应加强与乘客的沟通和交流，主动告知乘客飞机运行的要求及规章。

(3)当乘客不慎受伤时，乘务组应立即给予救助，同时报告机长，通过广播寻找找医生全力给予乘客帮助，控制乘客的伤情以免造成进一步的恶化。

(4)乘务员应及时通知机场医务人员、救护车等，与地面工作人员做好交接。

相关知识

一、客舱服务设备的操作及注意事项

1. 头等舱座椅

(1)头等舱座椅主要由椅背、椅面、椅腿、扶手、安全带组件、椅背倾角调节结构、座椅靠背、表面装饰罩、折叠式餐桌及应急救生衣存放袋等部分组成（图3-1-5）。该座椅的特点是椅面和扶手较宽，在扶手上除了装有烟灰缸外，还装有可折叠的小餐桌。中间扶手（指两个座位之间的扶手）可以绕其支撑轴收起。

图3-1-5 头等舱座椅

(2)旅客脚踏板的使用方法：头等舱旅客需要使用脚踏板时，乘务员应协助旅客按下脚踏板的按钮，这时脚踏板会自动弹起。另外，部分机型的座椅扶手上还设有调节脚踏板长度的伸缩按钮，可供旅客根据自己的实际需求来调节脚踏板的长度。

(3)特殊考虑：飞机在起飞、下降时，旅客的脚踏板都要调整到与地面垂直的位置。

2. 经济舱座椅

(1)操作方法：①在飞机座椅的左边或者右边扶手上会有圆形的按钮，按压住不动。②让身体向后仰，靠背可向后调节15°左右，椅背通常也可前倾。经济舱座椅如图3-1-6所示。

模块三 客舱设施与服务

图 3-1-6 经济舱座椅

(2)特殊考虑：部分靠近机门、应急窗的旅客座位的椅背无法向后或向前放倒。每一位旅客座位上都配有安全带。

座椅扶手：

(1)操作方法：旅客座位间的扶手通常可向上翻起或被拆卸。

(2)特殊考虑：所有飞机上都有一些过道座位的外侧扶手可向上翻起，以便轮椅旅客就座。在一些飞机上，至少半数以上的过道座椅扶手可以移动。在 A320 与 A340 飞机的经济舱中，几乎所有靠过道一侧的座位扶手都可向上翻起。

3. 乘务员座椅

(1)乘务员折叠座椅下部都有弹簧负载使其成垂直位置并装有限制装置来避免或降低冲击(图 3-1-7)。

图 3-1-7 乘务员座椅

· 205 ·

(2)只有指定的机组人员才可以坐在折叠座椅上;收好安全带,防止带子损坏以及紧急情况下阻挡出路;每个折叠坐垫在不用时,应将其恢复至原来位置。

4. 安全带

使用安全带时,将连接片插入锁扣内。根据您的需要,调节安全带的松紧,解开安全带时先将锁扣打开,拉出连接片(图3-1-8)。

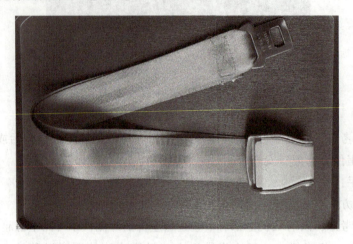

图3-1-8 安全带

5. 小桌板

(1)公务舱、普通舱的第一排和紧急出口旅客座椅的小桌板在座椅的扶手内(图3-1-9)。

图3-1-9 小桌板

(2)注意事项:起飞、下降时旅客的小桌板必须收回并盖好。

6. 遮光板

(1)遮光板的窗户用于观察机外和遮挡阳光(图3-1-10)。

图 3-1-10 遮光板

7. 行李架

(1)行李架中部及盖板中部有一组锁扣,盖板锁扣外连接一个开启手柄(图 3-1-11)。

图 3-1-11 行李架

(2)使用方法及注意事项:向外扳动开启手柄即可打开行李架。关闭行李架时,确保锁扣扣紧,在行李架内放置物品时,要合理安排,防止行李滑落砸伤旅客。部分行李架下部边缘处有凹槽,用于飞机不平稳时作为扶手来使用。

8. 客舱隔帘

客舱隔帘具有防火、耐磨、耐脏、防静电、易于维护、质地轻巧、价格便宜和施工方便等特点。客舱隔帘如图 3-1-12 所示。

图 3-1-12 客舱隔帘

9. 客舱衣帽间

客舱衣帽间除了可以放置衣物以外,还兼有分舱板的功能。客舱衣帽间如图 3-1-13 所示。

图 3-1-13 客舱衣帽间

二、通信系统

1. 客舱内话系统

737-800 内话机及广播器的使用方法。

(1)呼叫驾驶舱按 2 键,开始通话。

(2)呼叫前、后舱按 5 键,开始通话。

(3)客舱广播按 8 键,按住 PUSH TO TALK 键开始通话,松开 PUSH TO TALK 键通话结束。

(4)使用完毕按下 RESET 键复位。

客舱内话系统如图 3-1-14 所示。

图 3-1-14 客舱内话系统

2. 主呼叫灯面板

(1)位置:呼叫显示灯在前后入口走廊顶棚上方的紧急出口指示灯上。

(2)机组呼叫乘务员时,粉色灯亮,双音铃声,按控制板的 RESET(复位)按钮即可解除。

(3)乘务员之间呼叫时,粉色灯亮,双音铃声,按控制板的 RESET(复位)按钮即可解除。

(4)旅客呼叫乘务员时,蓝色灯亮,单铃声,按一下该呼叫旅客座椅上方亮起的呼唤铃按钮即可解除。

主呼叫灯面板如图 3-1-15 所示。

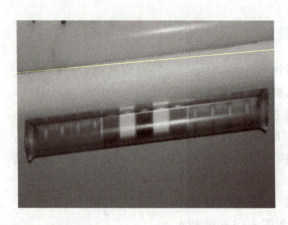

图 3-1-15 主呼叫灯面板

任务分析

旅客座位设有可调式软垫座椅、小桌板、安全带、座位背部的储藏袋、音频按钮、音频插口、座椅调节按钮等。靠近紧急逃生舱口的靠窗的扶手都固定在逃生舱口上,逃生舱口前和靠近逃生舱口的座位都是不可调整的。

任务准备

(1)课前检查实训设备。
(2)确保实训室整洁干净。

任务实训

实训内容	操作要求	学习收获与反思
介绍客舱服务组件,准确说出检查项目名称	1. 每六人一组进行角色扮演,分别扮演旅客和乘务员,对客舱服务组件进行介绍; 2. 每组准备时间为五分钟; 3. 请各小组进行讨论,每组分号位对客舱服务组件进行介绍; 4. 各组乘务长抽签决定演示顺序; 5. 教师对演示内容进行点评	

学习评价

评分项目	评分值	评价内容	配分	自评得分	小组互评分	教师评价分
职业素养（30分）	课堂纪律（10分）	不迟到，不早退	5分			
		积极思考，回答问题	5分			
	6S管理（10分）	场地整齐干净；设备整洁摆放	10分			
	职业形象（10分）	着装按职业要求；妆容精致大方	10分			
实训操作（40分）	常规操作（20分）	按照标准操作；操作认真、效率高	20分			
	团队合作（20分）	能与他人合作	20分			
综合能力（30分）	沟通表达（30分）	语言表达流畅；用词恰当、语速适中	30分			

综合得分（自评20%；小组评价30%；教师评价50%）：

本人签字：　　　　　　组长签字：　　　　　　教师评价签字：

课后习题

（1）简述头等舱座椅和经济舱座椅的区别。

（2）乘务员在航前卫生检查时发现经济舱的个别座椅上有污渍，这种情况该如何处理？

项目二
厨房及卫生间设备操作

任务一　厨房设备使用

任务描述

厨房设备使用

学习目标

知识目标
了解厨房设备名称及其主要功能。
能力目标
掌握厨房设备的操作方法和注意事项。
职业目标
养成严谨、一丝不苟的工作作风。

案例导入

"乘务员您好，可以麻烦您帮我把这个热一下吗？"旅客王先生边说边拿出一个白色塑料餐盒递给乘务员。乘务员小张微笑着接过餐盒，可是谁料，乘务员小张却把"热"听成了"扔"，拿回厨房后，由于餐盒过大，一时无法塞进垃圾箱，乘务员小张便随手把餐盒放在了服务台上。不一会儿，旅客王先生又一次按响了呼唤铃，"您好，请问我的餐热好了吗？""热？"带着一脸错愕的表情，乘务员小张恍然大悟，她立即返回服务舱。然而，由于餐盒是塑料材质，根本无法放入烤箱烤制，且后舱并没有适合盛装食物的容器。乘务员小张只好将餐盒交还给旅客王先生并诚挚地向旅客致歉。下飞机后，旅客王先生便进行了投诉。

通过该案例给你带来了哪些启示？

模块三 客舱设施与服务

> 相关知识

厨房设备

1. 储藏柜

在厨房结构上,有一些分隔区安装有柜门,如管道系统接近门、杂物柜柜门、垃圾箱门等。这些门使厨房看起来更为整齐和美观,门上也有门锁装置。长方体的储存柜箱外侧表面上都铆接有把手,便于搬运时的提拿。储存柜箱的箱门上有门锁,以确保飞机在颠簸状态下,储存柜箱内的物品不会掉出来(图3-2-1)。

图3-2-1 储藏柜

2. 餐车

乘务员使用餐车将食物和饮料分发给各位乘客。餐车的轮子上有止动装置,踩下餐车下的止动刹车柄,轮子就不能转动;踩下另一个松刹车柄,餐车的轮子便能运转自如(图3-2-2)。

(1)分类:长车和对半车。

(2)作用:用于存放餐食、饮料等机供品。

(3)使用方法:①打开小推车储存处的护盖门或保护锁扣。②松开小推车的刹车。③将小推车从停放位置移开,踩下红色脚踏板为刹车;踩下绿色脚踏板为解除刹车。

图3-2-2 餐车

215

3. 烤箱

(1)目的：只可用于加热食物。

(2)操作方法：①按压控制盒上的 ON/OFF 键接通电源。②待所有电源指示灯亮时，在温度模式位置按压 TEMP 键选择加热模式，有低温模式、中温模式、高温模式三种，一般情况下选择中温 MEDIUM。③旋转控制盒上的旋钮，设定加热时间。④分别按压时间显示栏下面的 SET 按键，黄色的指示灯亮起。⑤按压控制盒上面的 START 按键，这时烤箱开始工作。⑥烤餐时间结束，烤箱会发出嘟嘟声，按压 ON/OFF 键关闭电源，烤箱停止工作。

如图 3-2-3 所示为烤箱。

图 3-2-3 烤箱

4. 断路器

(1)目的：切断电源。

(2)特殊考虑：断路器在接通情况下自动工作并且起到保护相关电路的作用；当断路器跳开时，电路可能出现超载。

(3)注意事项：禁止重置跳开的断路器。如果重置，可能会引起电源系统超载。在客舱记录本上记录跳开的断路器。

如图 3-2-4 所示为断路器。

图 3-2-4 断路器

5. 烧水杯

(1)位置：位于前厨房水槽旁边。

(2)使用方法：①将烧水杯装五分之四的水插在插座上。②打开位于前服务间控制面板上的 ON/OFF 开关，旁边显示灯亮。③一般情况下 5~10 分钟即可烧开。④烧开后再次按 ON/OFF 按钮，再拔下烧水杯。

(3)注意事项：①为防止电器失火，禁止空烧烧水杯。②烧水结束后必须按 ON/OFF 按钮，断电后再拔下水杯。③拔出水杯时，谨防沸水烫伤。④航班飞行结束后，应将烧水杯内的余水全部倒掉。

如图 3-2-5 所示为烧水杯。

图 3-2-5 烧水杯

6. 厨房电源插座

（1）作用：用于外接电器使用。提供 10 安/115 伏/400 赫兹的外接电源。

（2）使用注意事项：①使用时将插电板盖板向上滑动推开。②使用完毕将盖板滑下复位。③使用提示，近期发生由于乘务员使用舱门电源插座为旅客手机充电导致其他旅客对飞行安全提出质疑并投诉的事件，经与工程部确认，舱门处的电源插座电压为 115 伏，只能供勤务使用（如吸尘器等勤务设备），不能用于旅客及机组成员个人电器设备，存在着火短路从而影响舱门开关的隐患。

如图 3-2-6 所示为厨房电源插座。

图 3-2-6　厨房电源插座

任务分析

厨房结构由复合材料制成的基本组件、侧壁板、后壁板等围成，分成许多格，每个分隔空间中，将分别放置垃圾箱、推车、储存柜箱、烤箱、水加热器等，它实际上是一个容纳厨房各种设备的橱柜。因为厨房结构内有导向条，所以推车、储存柜箱能方便地从厨房结构中推进推出，便于食品饮料的装机和分发。不用时，它们被多个锁扣（止动手柄）限制在厨房结构内；使用时，转动锁扣（止动手柄）到打开位，就可抽出推车和储存柜箱。

任务准备

（1）课前检查实训室厨房设备。

（2）了解 1+X 考核相关要求。

任务实训

实训内容	操作要求	学习收获与反思
介绍厨房设备，准确说出检查项目名称	1. 每六人为一个乘务组，进行号位分工，对厨房设备进行介绍； 2. 每组3号乘务员对餐车的使用方法和注意事项进行讲解； 3. 每组准备时间为五分钟； 4. 各组乘务长抽签决定演示顺序； 5. 教师对演示内容进行点评	
对接1＋X考核要求，模拟航前厨房检查流程	检查流程： 1. 厨房配电板工作正常； 2. 厨房烤箱、烧水杯、烧水器等设备工作正常； 3. 厨房内供应品箱和餐车的固定装置正常，无变形； 4. 厨房下水道的水槽畅通； 5. 餐车刹车装置工作正常； 6. 垃圾箱盖板工作正常； 7. 饮用水的水质良好； 8. 门帘表面无污渍、破损，门帘挂钩良好，扣带齐全、无破损； 9. 厨房卫生状况良好，储物柜、台面、地面干净，无污渍、无油渍； 10. 汇报：报告乘务长，厨房设备检查完毕，处于适航状态	

学习评价

评分项目	评分值	评价内容	配分	自评得分	小组互评分	教师评价分
职业素养（30分）	课堂纪律（10分）	不迟到，不早退	5分			
		积极思考，回答问题	5分			
	6S管理（10分）	场地整齐干净；设备整洁摆放	10分			
	职业形象（10分）	着装按职业要求；妆容精致大方	10分			
实训操作（40分）	常规操作（20分）	按照标准操作；操作认真、效率高	20分			
	团队合作（20分）	能与他人合作	20分			
综合能力（30分）	沟通表达（30分）	语言表达流畅；用词恰当、语速适中	30分			

综合得分（自评20%；小组评价30%；教师评价50%）：

本人签字：　　　　　　组长签字：　　　　　　教师评价签字：

课后习题

（1）操作烤箱时的注意事项有哪些？

（2）简述厨房断路器的操作方法。

任务二　卫生间设备使用

任务描述

卫生间设备使用

学习目标

知识目标

了解卫生间设备名称及其主要功能。

能力目标

掌握卫生间设备的操作方法和注意事项。

职业目标

养成严谨、一丝不苟的工作作风。

案例导入

一架南京飞往南昌的航班准备起飞时，一名女乘客把应急舱门当作了厕所门，造成滑梯包冲出机舱的事故。21岁的小韩就是这次事故的肇事者。意外发生前，她刚与男友愉快地结束了毕业旅行，准备回江西老家。由于从来没有坐过飞机，他们决定坐飞机回去。小韩在登机前喝了很多水，急着找厕所。她先后问了两个空姐，空姐都告诉她卫生间在"后面""两边"，结果，第一次坐飞机的她误闯了应急舱门。"当时问了空姐，我问她可以去上厕所吗，她说可以，就在后面两边。当时因为有点急，没有看到帘子上写的字，然后我就冲进去了"。结果她一拉，就出事了。小韩被吓到停在那里。当时后舱室突然亮了，把那个打开后，就看到了机坪。虽然不是故意的，但是小韩的行为已经构成了擅自移动使用中的航空设施。根据《中华人民共和国治安管理处罚法》，她被处以行政拘留10天的处罚。

相关知识

卫生间设备

1. 婴儿板

(1)位置：在洗手间内(不是每个洗手间内都有婴儿板)。
(2)作用：用于成人旅客为婴儿更换尿不湿等。
(3)使用方法及注意事项：拉开拉扣，放下面板即可使用。
如图 3-2-7 所示为婴儿板。

图 3-2-7 婴儿板

2. 扶手

(1)位置：在洗手间内。
(2)作用：在飞机颠簸时旅客用于固定自身的工具。
如图 3-2-8 所示为扶手。

图 3-2-8 扶手

3. 卫生间呼唤铃

(1)作用：洗手间呼叫按钮是旅客需要帮助时的呼叫工具。

(2)使用方法：当按下此按钮时，洗手间门上的琥珀色灯亮起，伴随单高音铃声，同时服务间内指示灯也亮起。

(3)解除的方法：①按一下洗手间门框上方的琥珀色显示灯即可解除。②按一下洗手间内的呼叫乘务员按钮即可解除。

如图 3-2-9 所示为卫生间呼唤铃。

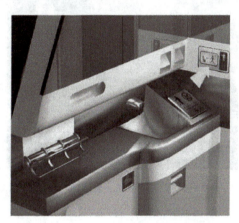

图 3-2-9　卫生间呼唤铃

4. 马桶

(1)机上的供水是通过水泵把水从水箱输送到各用水设备，包括厨房、卫生间洗手盆及马桶。

(2)飞机上的厨房和卫生间洗手盆废水经过滤、净化后，通过机腹部两根金属排水管排出机外，排水管在飞机外部为鳍状。马桶水有单独的污水箱，在地面由污水车负责排放。

如图 3-2-10 所示为马桶。

图 3-2-10　马桶

5. 洗手池

洗手池水龙头分两种：一种是按压出水，需要手动按压。蓝色按钮是冷水，红色按钮是热水。另一种是按压出水后，按钮自动弹回即表示出水停止。水龙头上有温度选择旋转按钮，蓝色为冷水，红色为热水，旋转至相应位置然后向下按压旋钮出水，水龙头开关有延迟，到达时间后水龙头出水停止。如图3-2-11所示为洗手池。

图3-2-11 洗手池

6. 烟雾探测器

（1）航前检查：洗手间内烟雾探测器上绿色电源指示灯亮，代表其已通电且工作状态正常。

（2）报警：当洗手间内产生烟雾，且浓度超过烟雾探测器预设限制值并持续8s时，整个烟雾探测器进入报警状态。此时，烟雾探测器上的红色报警指示灯亮起，烟雾探测器内部的报警喇叭响起。

如图3-2-12所示为烟雾探测器。

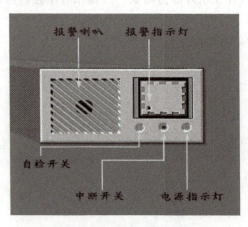

图3-2-12 烟雾探测器

模块三 客舱设施与服务

任务分析

每架飞机上卫生间的数量和大小都不一样，根据飞机的机型，越大的飞机，卫生间数量越多，空间越大。飞机上的卫生间大多分布在客舱头部和尾部，部分飞机的客舱中部也会有卫生间。国内航班飞机的卫生间一般分布在机舱尾部，大多数是两个，且空间较小。

任务准备

（1）检查实训室服务设备。
（2）了解 1＋X 考核相关要求。

任务实训

实训内容	操作要求	学习收获与反思
介绍客舱设备，准确说出检查项目名称	1. 每六人一组进行角色扮演，分别扮演旅客和乘务员，对客舱服务设备进行介绍； 2. 每组准备时间为五分钟； 3. 各小组进行讨论； 4. 各组乘务长抽签决定演示顺序； 5. 教师对演示内容进行点评	
对接 1＋X 考核要求，模拟卫生间检查流程	检查流程： 1. 马桶抽水系统工作正常； 2. 垃圾箱及马桶盖板工作正常； 3. 洗手池水流畅通、设备无损坏； 4. 洗手间卫生用品（洗手间卫生用品包括卷纸、面巾纸、擦手纸、马桶垫纸、清洁袋、洗手液、护手霜等）已摆放整齐，洗手液充足，在可使用状态； 5. 洗手间卫生状况良好，镜面、台面、马桶盖、地面干净，做到六无（无异味、无积尘、无积水、无阻塞、无杂物、无锈迹）； 6. 汇报：报告乘务长，洗手间设备检查完毕，处于待用状态	

学习评价

评分项目	评分值	评价内容	配分	自评得分	小组互评分	教师评价分
职业素养（30分）	课堂纪律（10分）	不迟到，不早退	5分			
		积极思考，回答问题	5分			
	6S管理（10分）	场地整齐干净；设备整洁摆放	10分			
	职业形象（10分）	着装按职业要求；妆容精致大方	10分			
实训操作（40分）	常规操作（20分）	按照标准操作；操作认真、效率高	20分			
	团队合作（20分）	能与他人合作	20分			
综合能力（30分）	沟通表达（30分）	语言表达流畅；用词恰当、语速适中	30分			

综合得分(自评20%；小组评价30%；教师评价50%)：

本人签字：　　　　　组长签字：　　　　　教师评价签字：

课后习题

(1)说一说你对服务的理解。

(2)打扫卫生间时的注意事项有哪些？

项目三

应急设备分类及使用

任务一　急救设备分类及使用

任务描述

急救设备分类及使用

学习目标

知识目标
了解急救设备名称和主要特征。

能力目标
掌握急救设备的操作方法和注意事项。

职业目标
在应急情况下能够沉着冷静、正确地使用客舱应急设备。

相关知识

一、应急设备标志及名称

图标	应急设备名称
2.01	扩音器 Megaphone
2.03	防护式呼吸装置（简称 PBE） Protective Breathing Equipment

续表

图标	应急设备名称
	手电筒 Flashlight
（红色）	海伦灭火器 Halon Extinguisher
（绿色）	水基灭火器 Water-based Extinguisher
	应急定位发射机（简称ELT） Emergency Locator Transmitters
	手提氧气瓶 Portable Oxygen Bottle
	急救箱 First Aid Kit
	应急医疗箱 Emergency Medical Kit

续表

图标	应急设备名称
	应急斧 Crash Axe
	防烟护目镜 Smoke Goggles
	加长安全带 Extension Belt
	婴儿安全带 Infant Seat Belt
	防护手套 Protective Gloves
	救生衣（旅客用） Life Vest
	婴儿救生衣 Infant Life Vest

续表

图标	应急设备名称
	儿童救生衣 Child Life Vest
	安全演示包 Safety Demonstration Kit
	卫生防疫包 Universal Precaution Kit
	救生船 Life Raft
	氧气面罩释放工具 Release Key for Passenger Oxygen
	应急出口 Emergency Exit
	救生绳 Life Line
	救生包(仅限 A330－300 飞机) Survival Kit
	生存组件(SK 包) Survival Kit

二、客舱急救设备

1. 机组氧气系统(Flight Crew Oxygen System)

氧气面罩的操作流程：

(1)从面罩存放箱中按压并拉出氧气面罩，当存放箱门打开时，即接通氧气和麦克风。

(2)按压红色手柄使面罩头套充气，将头套套在头上；松开手柄，头套可自动收紧。

(3)根据需要选择不同的供氧模式。

(4)氧气面罩使用后，要收好放回存放箱，并重置复位。

机组氧气系统如图3-3-1所示。

图3-3-1 机组氧气系统

2. 客舱氧气系统(Cabin Oxygen System)

(1)目的：释压下提供氧气。

(2)操作：当客舱高度大约4 200米时，氧气面罩储藏箱盖板自动打开，面罩落下。用力拉下任何一个面罩使氧气发生器的锁定销拔出，氧气发生器开始工作。将面罩罩在口鼻处，然后正常呼吸。每一个氧气发生器可持续工作12～15分钟，不管高度是多少，氧气用完，气流终止。

(3)特殊考虑：氧气发生组件能够发热且会增加客舱的温度，这时会闻到燃烧的气味，并可能出现一些烟雾。厕所内有两个氧气面罩。乘务员氧气面罩位于每个折叠座椅上方的面板内。若盖板不能打开，在盖板上的小孔中插入一个针状物，即可松开盖板的锁。

客舱氧气系统如图3-3-2所示。

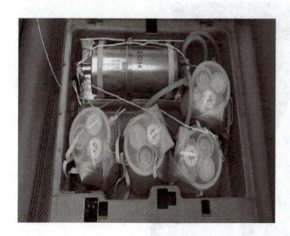
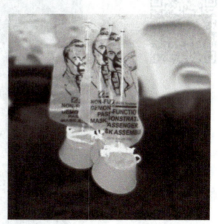

图 3-3-2 客舱氧气系统

3. 手提氧气瓶(Portable Oxygen Bottle)

(1)目的:提供急救用氧。

(2)检查:①在位;②面罩与氧气瓶匹配;③面罩接插正常或氧气输出口的防尘帽堵塞在位;④压力表指示最小值为 1 600 PSI。

(3)操作:①从固定支架上取下;②确认面罩接插正常;③逆时针旋转(按箭头指示方向)开关阀门,打开氧气瓶;④通过流量选择显示窗调节需要的氧气输出流量;⑤确认数字"2"或者"4"在显示窗口的中间,并显示清晰;⑥通过检查氧气袋底部的绿色流量指示袋鼓起或者氧气输出管中的内嵌式流量指示绿色浮珠可视,确定氧气已经流出;⑦将面罩套在病人口鼻处;⑧关断 POCA 氧气瓶,需顺时针旋转阀门(旋转向"OFF"一边),直到流量显示窗呈红色为止。

(4)注意事项:①POCA 便携式氧气瓶能提供高、低两种氧气流量。氧气流量为 4 升/分钟时,可用 60 分钟;2 升/分钟时,可用 120 分钟。②在客舱压力正常的情况下,根据病人情况,高低两种流量都可选择。但是在客舱失压的情况下,只能选择 4 升/分钟的高流量。③切勿将氧气瓶中的氧气放空,留 500 PSI 氧气,以备紧急情况时使用。④操作时手上切勿沾有任何油脂。⑤若将阀门拧过头,氧气将无法流出,此时可能造成人员伤亡。⑥使用完毕后需填写 CLB。

手提氧气瓶如图 3-3-3 所示。

图 3-3-3 手提氧气瓶

4. 急救箱(First Aid Kit)

急救箱用于对旅客或者机组人员受伤时的止血、包扎、固定等应急处理。急救箱内配备绷带、棉签、三角巾、夹板等常用急救用品(图 3-3-4)。

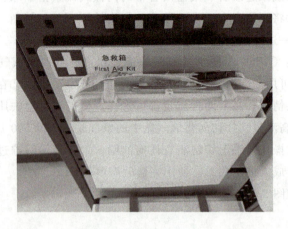

图 3-3-4 急救箱

5. 应急医疗箱(Emergency Medical Kit)

应急医疗箱用于对旅客、机组人员意外受伤或者医学急症的应急医疗处理。应急医疗箱内配备血压计、听诊器、一次性注射器,以及葡萄糖、肾上腺素等注射液和医疗器械(图3-3-5)。

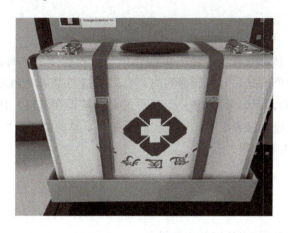

图3-3-5 应急医疗箱

6. 卫生防疫包(Universal Precaution)

(1)卫生防疫包用于清除客舱内血液、尿液、呕吐物和排泄物等潜在传染源。

(2)使用方法：穿戴好所有防护物品，使用消毒液进行初步消毒，将消毒凝固剂均匀覆盖于液体、排泄物等处；使用便携拾物铲将凝胶固化的污物铲入生物有害物专用垃圾袋中。

(3)注意事项：①处理前，做好各种防护措施。②处理时，严格按照操作程序执行，防止消毒凝固剂进入眼睛或沾染到皮肤上，若进入眼睛或沾染到皮肤上，立即用清水冲洗。③处理后的物品需放入生物有害物专用垃圾袋，应封口以待后续处理。④卫生防疫包内药械器具均为一次性，不得重复使用。

如图3-3-6所示为卫生防疫包。

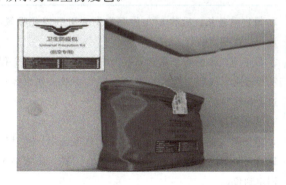

图3-3-6 卫生防疫包

任务分析

安全服务来自日复一日、年复一年的知识和经验的累积,每次航前准备会上,乘务组都应结合航班情况,对可能遇到的突发事件进行部署并制定处置预案,同时对"谁救助、谁辅助、谁记录"做好分工。通过专业培训和演练,机组人员在面临紧急情况下能迅速反应、沉着应对,用扎实的业务和丰盈的爱心,生动演绎着"三个敬畏",守护旅客的美好旅程。

任务准备

(1)准备实训室内相应的客舱应急设备。
(2)提前了解1+X证书考试相关内容。

任务实训

实训内容	操作要求	学习收获与反思
应急设备航前检查	1. 每六人为一个乘务组,进行航前应急设备检查; 2. 将检查结果汇报乘务长; 3. 每组准备时间为五分钟; 4. 各组乘务长抽签决定演示顺序; 5. 教师对演示内容进行点评	
航程中有旅客需要吸氧	1. 报告乘务长,后舱34A旅客突发心脏病需要吸氧,请问是否需要供氧。 2. 取下氧气瓶斜挎于胸前,拆开氧气面罩包装,全程不能磕碰氧气瓶,携带氧气瓶和氧气面罩来到旅客身边,观察并确认周围4米内无火源。 3. 为旅客擦脸。 4. 取下氧气瓶,打开防尘帽,插上氧气面罩,逆时针转动开关阀门并拧到底,拉动一下确认氧气面罩是否固定到位。 5. 戴氧气面罩时金属丝朝上,大孔对嘴,小孔对鼻,将氧气面罩由下往上给旅客带好,罩在口鼻处并根据情况调整。	

续表

实训内容	操作要求	学习收获与反思
航程中有旅客需要吸氧	6. 我将全程监控旅客用氧情况，当压力指针达到50磅每平方英寸时，我会停止用氧，以便再次使用。 7. 询问旅客有无好转。 8. 为旅客摘下氧气面罩，顺时针转动开关阀门并拧到底，取下氧气面罩，盖好防尘帽。 9. 将氧气面罩装回原包装再放到CLB旁，再把氧气瓶放回原处。 10. 汇报：报告乘务长，后舱34A旅客已吸氧完毕，病情好转并表示不再需要吸氧，已使用了一个氧气瓶和一个氧气面罩，我已将氧气面罩取下放回原包装并放在CLB旁，氧气瓶已放回原处	

学习评价

评分项目	评分值	评价内容	配分	自评得分	小组互评分	教师评价分
职业素养（30分）	课堂纪律（10分）	不迟到，不早退	5分			
		积极思考，回答问题	5分			
	6S管理（10分）	场地整齐干净；设备整洁摆放	10分			
	职业形象（10分）	着装按职业要求；妆容精致大方	10分			
实训操作（40分）	常规操作（20分）	按照标准操作；操作认真、效率高	20分			
	团队合作（20分）	能与他人合作	20分			
综合能力（30分）	沟通表达（30分）	语言表达流畅；用词恰当、语速适中	30分			

综合得分(自评20%；小组评价30%；教师评价50%)：

本人签字： 组长签字： 教师评价签字：

课后习题

(1)思考：乘机时能不能自己携带氧气瓶？

(2)分角色模拟演练旅客晕倒后的处置流程。

任务二　灭火设备分类及使用

任务描述

灭火设备分类及使用

学习目标

知识目标

了解灭火设备的分类及其使用的方法。

能力目标

掌握灭火设备的操作方法和注意事项。

职业目标

培养学生在紧急情况下沉着冷静的品质。

案例导入

2015年5月12日，一名旅客拿着带数据线的黑色充电宝跑到飞机前舱，向乘务员反映该充电宝出现发热迹象，此时充电宝伴随有声响和冒烟现象，该旅客提出要用水来冷却充电宝。头等舱乘务员立即告知旅客到后舱洗手间进行处理，乘务长随即拿矿泉水跟随旅客到后舱。旅客拿着充电宝跑到后舱，求助后舱乘务员帮忙打开洗手间。后舱乘务员立即打开 L2 洗手间门，旅客拿着充电宝进入洗手间，准备将充电宝扔进马桶时被乘务员制止。乘务员让其将充电宝放入洗手池内，并放冷水对充电宝进行冷却。正当乘务长拿着矿泉水帮助其进行冷却处理时（此时洗手池内的水已漫过充电宝），充电宝突然发生自爆，爆炸中产生的黑色不明液体溅到两名乘务员脸部、手部和衣服上。

在一般情况下，锂电池内部含有的电解质是处于密封状态的，且不会发生反应。可是如果锂电池外壳被损坏，导致电芯内部短路，就容易发热燃烧。在客舱中，由于气压变化、颠簸以及行李碰撞，锂电池发生短路的概率会大大提高。再加上客舱中允许使用多种便携式电子设备，导致充电宝集中出现在客舱之中，安全隐患随之增加。

相关知识

灭火设备

1. 水基灭火瓶(Water-based Extinguisher)

(1)航前检查：在指定位置，铅封完好。

(2)使用时间40s，使用容量102立方英寸(0.26立升)。

(3)使用方法：①垂直握住瓶体，向右转动手柄(向瓶内充二氧化碳)。②喷嘴距火源底部2~3m。③右手拇指按下触发器，对准火源底部边缘喷射。④使用后填写CLB。

(4)注意事项：①瓶体不能横卧或倒握。②不可用于可燃性液体或电器失火。③瓶内装有防冻剂，不能饮用。

(5)事后处置：将水基灭火瓶放回原处，报告乘务长，提醒其填写CLB。

如图3-3-7所示为水基灭火瓶。

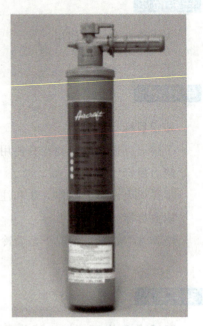

图3-3-7 水基灭火瓶

2. 海伦灭火瓶(Halon Extinguisher)

(1)航前检查：在指定位置，安全插销完好，压力指针在绿色区域。

(2)使用范围：各种火灾，最适合由电器燃油和润滑油脂引起的火灾。

(3)使用时间10s，使用容量98立方英寸(0.25立升)。

(4)使用方法：①垂直握住瓶体拔下带环的安全销。②距离火源底部2~3m由外向内做圆圈状喷射。③使用后填写CLB。

(5)注意事项：①瓶体不能横卧或倒握。②海伦灭火瓶喷出的是雾，但可以很快被液化，汽化物是一种惰性气体，它可以隔绝空气使火扑灭，当表层的火被扑灭后，里层仍有余火，将火区用水浸透。③不能用于人身上的火灾。④如需要在驾驶舱内释放灭火器，所有飞行机组成员必须带上氧气面罩并选择应急使用100%氧气。

(6)事后处置：将海伦灭火瓶放回原处，报告乘务长，提醒其填写CLB。

如图3-3-8所示为海伦灭火瓶。

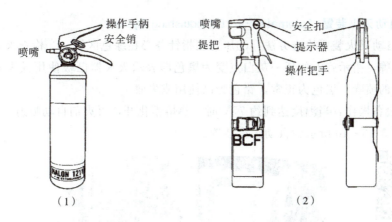

图 3-3-8 海伦灭火瓶

3. 防护式呼吸装置（Protective Breathing Equipment）

（1）使用时间：15 分钟。

（2）使用方法：打开储存盒取出 PBE；将头发放在头罩内，将带子扣好；向下拉氧气发生器，使 PBE 开始工作；调整移动送话器使面罩与口鼻完全吻合；将带子在腰部系好。

（3）注意事项：须在非烟区穿好；头发必须全部放进去，衣领要离开胶圈；当呼吸困难时，可能是氧气用完或穿戴不当；当面罩开始内吸时，使用时间已到，应迅速到安全区摘下面罩；如果戴着眼镜使用，戴好后要在面罩外面整理眼镜位置；当观察窗上有雾气时迅速取下 PBE；取下面罩后，因头发内残留有氧气，要充分抖散头发，散掉头发内的氧气，不要靠近有明火或火焰的地方。

如图 3-3-9 所示为防护式呼吸装置。

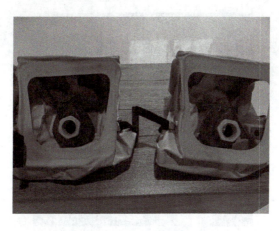

图 3-3-9 防护式呼吸装置

4. 自动灭火装置(Automatic Fire Extinguishing System)

(1)自动灭火装置检查方法：①压力表指针务必在绿色区域。②检查灭火器旁的温度指示牌，指示牌上的任一灰白点变为黑色即表示灭火器已被使用或失效。③检查灭火器的喷嘴，黑色为正常，铅色为已使用或失效。

(2)设备操作：当温度达到约77℃时，热熔帽化开，灭火剂自动喷射。

如图3-3-10所示为自动灭火装置。

图3-3-10 自动灭火装置

5. 防护手套(Protective Gloves)

(1)防护手套用于驾驶舱失火时，保护驾驶员能够操作飞机时使用，具有防火隔热作用(图3-3-11)。

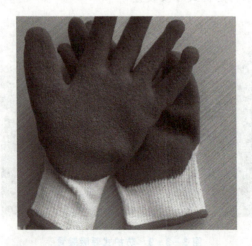

图3-3-11 防护手套

(2)防护手套用于机上发生因锂电池(如充电宝、手机、PAD、笔记本电脑等)过热而引起的火情。机组人员在灭火降温后,佩戴防护手套将含有锂电池的电子设备移动放到盛有水的金属容器中。防护手套可保护机组人员的手部,具有防火隔热的作用。

任务分析

三人灭火小组组成及分工:确定灭火角色,灭火程序需要至少三名客舱机组成员的工作组,团队合作是消灭机上火情的有效方法之一。按照工作内容可将小组成员分成灭火员、通信员、援助者。

灭火员:第一个发现火情的客舱乘务员(灭火员),迅速指定一名就近的乘务员进行火情报告(口令:"我来灭火,你去报告!"),并立即取就近的灭火器进行灭火。

通信员:第二个客舱乘务员(通信员)迅速判断失火/冒烟位置及物品,烟/火颜色、火势大小,烟的浓度/颜色/气味,并报告机长;通知其他乘务员火灾的位置并前去支援;佩戴防护式呼吸保护装置(PBE),携带灭火器替换第一位客舱乘务员灭火。

援助者:其他乘务员(援助者)应切断火灾区域电源,将自己区域的灭火器送至火灾区,并从火灾区搬走便携式氧气瓶;调换火灾区域旅客的位置并安抚旅客的情绪,让旅客弯下腰,用衣袖捂住口鼻(口令:"弯下腰,捂住口!""Bend Over! Cover your nose and mouth!"),并关闭通风口;监视余火,保证其无复燃的可能。

任务准备

(1)准备实训室内相应的客舱应急设备。
(2)提前了解1+X证书考试相关内容。

任务实训

实训内容	操作要求	学习收获与反思
灭火器的操作	1. 垂直握住瓶体拔下带环的安全销; 2. 距离火源底部 2~3 m 由外向内做圆圈状喷射; 3. 使用后填写 CLB	

续表

实训内容	操作要求	学习收获与反思
锂电池失火的处置	确认起火后赶紧兵分三路灭火，安抚旅客并移走附近的氧气瓶。 1. 发现火情，立即组成三人灭火小组。 2. 将乘客撤离出此区域，并报告机长。 3. 用手背感觉行李架表面温度，找出温度最高区域，确认火源位置，喷洒惰性气体。 4. 将行李架打开一条小缝，插入灭火器喷嘴，将灭火剂喷入行李架，并关闭行李架。 5. 援助者穿戴好防护式呼吸装置做好接替工作，灭火期间保持与驾驶舱的联系。 6. 转移失火区域氧气设备，并确认失火物品性质。 7. 确认为锂电池失火后，立即用水或其他非易燃液体浸透失火电子设备，降低锂电池单元电池芯温度，阻断热散溢，防止相邻电池芯失火。 8. 将完全浸泡过后的锂电池放入卫生间锁闭	

学习评价

评分项目	评分值	评价内容	配分	自评得分	小组互评分	教师评价分
职业素养（30分）	课堂纪律（10分）	不迟到，不早退	5分			
		积极思考，回答问题	5分			
	6S管理（10分）	场地整齐干净；设备整洁摆放	10分			
	职业形象（10分）	着装按职业要求；妆容精致大方	10分			
实训操作（40分）	常规操作（20分）	按照标准操作；操作认真、效率高	20分			
	团队合作（20分）	能与他人合作	20分			
综合能力（30分）	沟通表达（30分）	语言表达流畅；用词恰当、语速适中	30分			

综合得分（自评20%；小组评价30%；教师评价50%）：

本人签字：　　　　　　组长签字：　　　　　　教师评价签字：

课后习题

(1)如何防范机上火灾?

(2)简述三人灭火小组的分工和职责。

任务三　求生设备分类及使用

任务描述

求生设备分类及使用

学习目标

知识目标
了解求生设备名称和主要特征。
能力目标
掌握求生设备的操作方法和注意事项。
职业目标
在应急情况下能够沉着冷静、正确地使用客舱应急设备。

案例导入

某男子在机场安检口例行安检,工作人员打开该男子行李包,发现了一个塑料包装的黄色物品,仔细观察竟然是飞机座位下面的救生衣。该男子上次坐飞机后,以为救生衣可以拿走,就顺手从飞机上拿走了救生衣。结果,男子所拿的救生衣折合人民币500多元。因为此举违法,男子被机场警方拘留。根据规定,拘留期限为5到15天,并罚款1 000元。其实,旅客乘机顺手拿救生衣的事件时有发生,被抓后旅客的理由也五花八门。飞机上的专用救生衣是航空公司的资产,一般价格在500~1 000元不等,救生衣是为了应对飞行过程中飞机出现紧急情况,如迫降水面时,提供给乘客的急救设备,乘客不能将其从飞机上带走。

相关知识

求生设备

1. 安全演示包(Safety Demonstration Kit)

安全演示包是指乘务人员用来演示客舱安全设备的包,里面是一些工具,用于演示的氧气面罩、短安全带、救生衣、安全须知(图 3-3-12)。

图 3-3-12　安全演示包

2. 应急定位发射器(Emergency Locator Transmitter)

(1)使用时间：121.5 兆赫兹和 243 兆赫兹，48 小时；406 兆赫兹，24 小时。

(2)使用方法：①水中。将系留绳的末端系在救生筏上，然后将 ELT 扔入水中，天线由水溶性胶带绑定在 ELT 本体上，水溶性胶带遇水后溶解(5 秒)，天线展开并发射信号。②陆地。人工撕开水溶胶带，展开天线，使用袋子装水(或者咖啡、果汁等导电液体)，把 ELT 放入后开始发射信号。

(3)注意事项：在陆地使用时，选择空旷地带的最高处，不要倒放或躺放。

图 3-3-13 为应急定位发射器各部件示意图。

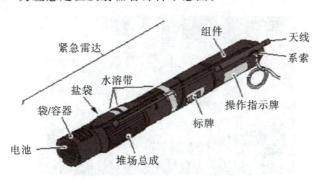

图 3-3-13　应急定位发射器

3. 救生衣（Life Vest）

（1）使用时间：8～10小时。

（2）使用方法：取出救生衣，经头部穿好，红色充气阀门应在前方；带子从后向前扣好系紧，调节带子的松紧，使救生衣与腰部吻合；在离开飞机前，拉充气阀门便可充气膨胀。

（3）注意事项：当用手按住人工充气管的顶部时，气体会从内部放出；除非救生筏已坏，否则不要尝试穿救生衣游泳；不能自理及上肢残疾的旅客，穿好后要立即充气；其他旅客的救生衣在离开飞机、上筏前充气。

图 3-3-14 为救生衣。

4. 救生筏（Life Raft）

（1）目的：用于水上迫降时撤离旅客。救生筏为圆形或椭圆形，折叠后装入带有搬运手柄的包装袋中。

（2）使用方法：①使用时无须解开包装袋上的绳扣。②救生筏包重量最少为 50 千克。③两个充气管分别位于船的上下两侧。④无论哪一面在上，救生筏都可以使用。⑤断开手柄、人工充气手柄，缠绕好的系留绳位于包装袋上一块颜色鲜明的盖布下。⑥救生包系在展开的船上，由一根绳子连着漂浮在水中，撤离时必须将其拉入船中。

图 3-3-15 为救生筏。

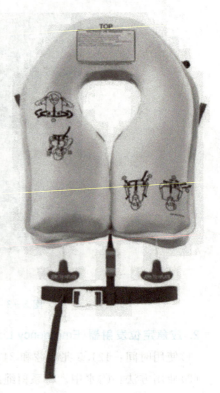

图 3-3-14 救生衣

图 3-3-15 救生筏

5. 应急手电筒（Emergency Flashlight）

（1）检查方法：①在位；②玻璃罩清洁，光亮正常。

（2）设备操作：①从支架上取下，按下按钮灯即亮，如灯暗，即表明电量不足。②用完后关掉电源，放回支架。

图 3-3-16 为应急手电筒。

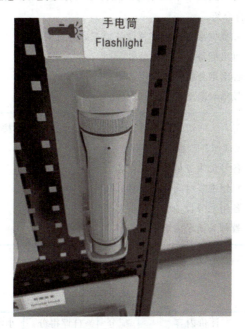

图 3-3-16　应急手电筒

任务分析

安全为上，生命为大。高效妥当处置的背后，正是日复一日刻苦训练的结果。

任务准备

（1）准备实训室内相应的客舱应急设备。

（2）提前了解 1+X 证书考试相关内容。

任务实训

实训内容	操作要求	学习收获与反思
航前应急设备的检查	1. 每六人为一个乘务组，进行号位分工，对应急设备进行介绍； 2. 各号位乘务员对应急设备检查后进行汇报； 3. 每组准备时间为五分钟； 4. 各组乘务长抽签决定演示顺序； 5. 教师对演示内容进行点评	
在安全检查过程中发现旅客的行李放在应急设备的行李架里的处置办法	1. 每六人一组为一个乘务组，进行号位分工，按客舱起飞前服务流程进行实操； 2. 各号位乘务员进行安全检查； 3. 每组准备时间为五分钟； 4. 各组乘务长抽签决定演示顺序； 5. 教师对演示内容进行点评	

学习评价

评分项目	评分值	评价内容	配分	自评得分	小组互评分	教师评价分
职业素养（30分）	课堂纪律（10分）	不迟到，不早退	5分			
		积极思考，回答问题	5分			
	6S管理（10分）	场地整齐干净；设备整洁摆放	10分			
	职业形象（10分）	着装按职业要求；妆容精致大方	10分			
实训操作（40分）	常规操作（20分）	按照标准操作；操作认真、效率高	20分			
	团队合作（20分）	能与他人合作	20分			
综合能力（30分）	沟通表达（30分）	语言表达流畅；用词恰当、语速适中	30分			

综合得分（自评20%；小组评价30%；教师评价50%）：

本人签字： 组长签字： 教师评价签字：

课后习题

(1)简述安全演示包里的设备。
(2)简述应急手电筒航前检查流程。

项目四
机型认知及舱门操作

任务一 B737-800、A320机型介绍

任务描述

B737-800、A320机型认知

B737系列机型认知

A320系列机型认识

学习目标

知识目标

学习B737-800、A320客机的设备及应急出口分布。

能力目标

熟悉B737-800、A320客机的设备及应急出口分布。

职业目标

掌握B737-800、A320客机的发展历程、机型特点。

案例导入

载客航班平飞供餐期间,当所有乘务员都在客舱收餐盒时,一位旅客无视服务舱外悬挂着的警示牌,掀开后厨房门帘进入后厨房,对舱门把手进行了失误的操作,驾驶舱出现相关警告,乘务员及时制止,再次确认机门及把手情况正常,并报告给机长。

思考:服务过程中如何做好舱门管理?

相关知识

一、B737-800客机

波音737系列飞机是美国波音公司生产的一种中短程双发喷气式客机。波音

737自投产以来四十余年销路长久不衰,成为民航历史上最成功的窄体民航客机系列,被称为世界航空史上最成功的民航客机。波音737主要针对中短程航线的需要,具有可靠、便捷、运营和维护成本低的特点,但是它并不适合进行长途飞行。

1. 波音737型飞机基本数据

波音737型飞机基本数据如表3-4-1所示。

表3-4-1 波音737型飞机基本数据

飞机制造商	最大巡航高度/米	最大巡航航程/公里	最大巡航速度/(公里/时)	客座数
美国波音公司	12 500	5 365	800	170(B8/Y162)或158(B20/Y138)或164(B8/Y156)或162(B12/Y150)

2. 客舱布局

(1)波音737型飞机国内航线客舱座位分布如表3-4-2所示(机型:B737-800/738)。

表3-4-2 B737-800/738客舱座位分布

构型	座位总数	座位类型	座位数			座位间距/英寸			扶手间座椅宽度/英寸			座椅倾斜度(向后距离)/英寸		
			公务舱	商务经济舱	经济舱	公务舱	商务经济舱	经济舱	公务舱	商务经济舱	经济舱	公务舱	商务经济舱	经济舱
布局A	164	公务舱、商务经济舱、经济舱	8	24	132	42	35	31	21	17.2	17.2	7	4.5	4.5

(2)客舱舱门及应急出口分布。

波音737-800飞机客舱内设有4个舱门、4个应急出口,客舱的左右两侧各设有2个舱门,即L1、L2和R1、R2;客舱的左右两侧各设有2个应急出口,即WL1、WL2和WR1、WR2(图3-4-1)。

(3)厨房分布。

波音737-800飞机设有2个厨房,位于飞机的前部和后部。

(4)飞机卫生间分布。

波音737-800飞机设有4个卫生间,飞机前部左侧1个,飞机后部右侧2个,飞机后部左侧1个。

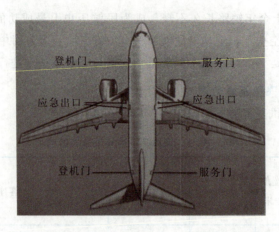

图 3-4-1 波音 737-800 飞机舱门、出口布局

二、A320 客机

空中客车 320 系列是欧洲空中客车工业公司研制生产的双发中短程 150 座级运输机,客舱舒适而宽敞,是当前最受欢迎的 150 座级的中短程客机。A320 系列是一种创新型的飞机,为单过道飞机建立了一个新的标准。空中客车 320 系列包括 150 座的 A320、186 座的 A321、124 座的 A319 和 107 座的 A318 四种基本型号。

1. A320 型飞机基本数据

A320 型飞机基本数据如表 3-4-3 所示。

表 3-4-3 A320 型飞机基本数据

飞机制造商	最大巡航高度/米	巡航速度/(公里/时)	客座数
欧洲空中客车工业公司	12 000	840	158(B8/Y150)

2. 客舱布局

(1)A320 型飞机国内航线客舱座位分布如表 3-4-4 所示。

表 3-4-4 A320 型飞机客舱座位分布

座位总数	座位类型	座位数			座位间距/英寸			扶手间座椅宽度/英寸			座椅倾斜度(向后距离)/英寸		
		公务舱	商务经济舱	经济舱	公务舱	商务经济舱	经济舱	公务舱	商务经济舱	经济舱	公务舱	商务经济舱	经济舱
152	公务舱、商务经济舱、经济舱	8	24	120	42	35	30	21.55	17.7	17.7	8	6	6

(2)客舱舱门及应急出口分布。

空客 A320 飞机有 4 个客舱舱门（左右各 2 个客舱舱门）、4 个应急出口（左右各 2 个应急出口）(图 3-4-2、图 3-4-3）。

图 3-4-2　A320 客机客舱门分布

图 3-4-3　A320 客机应急出口分布

(3)厨房、卫生间分布。

空客 A320 飞机客舱有 2 个厨房，位于飞机的前部右侧和飞机后部。

客舱有 3 个卫生间，1 个位于飞机的前部左侧，另外 2 个分别位于飞机后部左右两侧。

任务分析

从时间上来讲,空客是后起之秀,波音于 1916 年便已创建成立,经历了军用、商用、民用时代。在民航领域,空客是波音最大的竞争对手,波音是美国最大的出口商之一,运营着美国的航天飞机和国际空间站。

任务准备

(1)准备 A4 纸和笔。
(2)简述波音机型、空客机型的特点。

任务实训

实训内容	操作要求	学习收获与反思
讨论波音客机和空客客机的不同之处	1. 把学生分成几个小组,分组进行(5~6 人一组)任务; 2. 分小组讨论两种机型的特点; 3. 每组派一位代表对问题进行描述; 4. 教师总结	
搜集材料,分别列出以上两种品牌客机的特点	1. 把学生分成几个小组,分组进行(5~6 人一组)任务; 2. 分小组搜集两种客机的特点; 3. 每组派一位代表对问题进行描述; 4. 教师总结	

学习评价

评分项目	评分值	评价内容	配分	自评得分	小组互评分	教师评价分
职业素养 （30分）	课堂纪律 （10分）	不迟到，不早退	5分			
		积极思考，回答问题	5分			
	6S管理 （10分）	场地整齐干净； 设备整洁摆放	10分			
	职业形象 （10分）	着装按职业要求； 妆容精致大方	10分			
实训操作 （40分）	常规操作 （20分）	按照标准操作； 操作认真、效率高	20分			
	团队合作 （20分）	能与他人合作	20分			
综合能力 （30分）	沟通表达 （30分）	语言表达流畅； 用词恰当、语速适中	30分			

综合得分（自评20%；小组评价30%；教师评价50%）：

本人签字：　　　　　组长签字：　　　　　教师评价签字：

课后习题

（1）简述波音客机的发展历程。

（2）对国内四大航空公司的机型进行分析，并总结记录。

客舱乘务员机上服务

任务二　B737-800、A320客机舱门操作规范

任务描述

B737-800、A320客机舱门操作规范

学习目标

知识目标

学习B737-800、A320客机舱门设施设备、舱门检查、舱门开关的操作规范。

能力目标

掌握B737-800、A320客机舱门操作的方法，进行舱门安全操作及评估。

职业目标

能够做到按照流程和安全开关舱门。

　　B737舱门安全　　　B737滑梯预位与解除　　　舱门操作方针　　　A320舱门滑梯操作

案例导入

　　某航空公司航班于某年某月10日12∶58在郑州新郑国际机场降落后，13∶09开舱。13∶20左右，一位乘务员在由配餐车返回机舱时从后舱门跌落至停机坪。所幸的是，现场视频显示，这名空姐在跌落瞬间曾抓到舱门，而后才跌落到地面，跌落过程中有一个缓冲。乘务组第一时间与现场保障人员沟通并拨打现场急救电话，当时受伤人员意识清醒，摔到了臀部和胯骨部位，已送医院治疗。

　　据了解，这架飞机机型为波音737-800型客机，舱门距离地面2.7米左右。该航班于10日14∶45从郑州机场离港，并计划于16∶50抵达兰州机场。这是继另一家航空公司一名空姐在深圳机场从飞机上跌落地面之后，第二起类似事件。短时间内，两起事件接连发生，让不少人对飞机舱门设计是否合理、空乘人员操作是否安全等方面产生不少质疑。

思考：如何才能避免不安全事件的发生呢？

相关知识

舱门是连接飞机与外界的唯一通道，在紧急情况下更是机组和旅客的生命之门。舱门开关是乘务组每次飞行必须要操作的程序，也是再平常不过的一件事情，因此，规范操作客舱舱门是客舱乘务员需要掌握的首要技能。

一、舱门结构

舱门包括以下部件。
（1）舱门观察窗。
（2）舱门操作手柄。
（3）辅助手柄。
（4）滑梯压力表。
（5）滑梯包。
（6）滑梯挂钩。
（7）滑梯锁杆（GIRT BAR）。
（8）地板支架。
（9）红色警示带。红色警示带，安装在每个舱门紧靠观察窗的地方。在警示位时，任何人都可以从机外透过观察窗清晰地看到警示带。这是一个非常明显的警示标志，表明滑梯杆已放在地板支架上，在舱门开启时，滑梯会自动放出。舱门滑梯在预位时，将红色警示带斜置于观察窗。

图3-4-4为A320客机舱门。

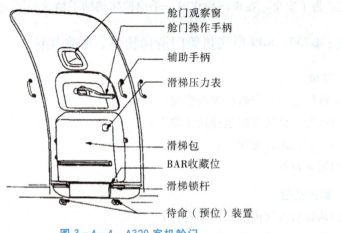

图3-4-4　A320客机舱门

二、B737-800 舱门操作流程

1. B737-800 舱门预位流程

机门待命应在关闭机门后。

(1)确认观察窗处的红色警示带挂好；
(2)卸下舱门底端 GIRT BAR；
(3)把 GIRT BAR 插入地板的待命(预位)位；
(4)确认门已待命(预位)。

2. B737-800 舱门解除流程

(1)从待命位退出 GIRT BAR；
(2)把 GIRT BAR 固定在舱门底端收藏位置上；
(3)观察窗处的红色警示带复位；
(4)确定门已处在非待命(预位)状态。

3. B737-800 舱门开门流程

(1)确认门已处在非待命(预位)状态；
(2)根据箭头所指方向旋转门把手；
(3)先将门向机内拉，然后向外推至锁定位。

4. B737-800 舱门关门流程

(1)按下门边的镇风锁松开键；
(2)向内拉机门；
(3)将机门向外推直至与机身平；
(4)旋转门手柄，关紧门使其密封。

注：为了安全，在机门操作时一手应握住辅助手柄。

三、B737-800 型飞机舱门滑梯预位、解除预位

1. 预位

(1)将红色警示带斜挂于观察窗；
(2)将滑梯杆从滑梯包挂钩上取下；
(3)固定在地板支架上；
(4)确认检查。

2. 解除预位

(1)从地板支架内取出滑梯连杆；
(2)固定在滑梯包挂钩上；

(3)将红色警示带横挂在观察窗;
(4)确认检查。

四、A320 舱门操作流程

1. A320 舱门预位流程

机门待命应在关闭机门后进行。
(1)确认观察窗处的红色警示带挂好;
(2)卸下舱门底端 GIRT BAR;
(3)把 GIRT BAR 插入地板的待命(预位)位;
(4)确认门已待命(预位)。

2. A320 舱门解除流程

(1)从待命位退出 GIRT BAR;
(2)把 GIRT BAR 固定在舱门底端收藏位置上;
(3)观察窗处的红色警示带复位;
(4)确定门已处在非待命(预位)状态。

3. A320 舱门开门流程

(1)确认滑梯预位手柄在 DISARMED 位;
(2)确认门内外无障碍物;
(3)确认客舱压力警示灯不闪亮;
(4)轻抬舱门手柄 15°,确认滑梯预位指示灯不亮;
(5)开门后将门推至阵风锁锁闭;
(6)拉好阻拦绳。

4. A320 舱门关门流程

(1)收起阻拦绳;
(2)确认门内外无障碍物;
(3)按下阵风锁;
(4)抓住舱门辅助手柄,向内拉动舱门直至完全进入门框内;
(5)将舱门操作手柄下压至关位;
(6)确认门锁指示器显示绿色 LOCK 标志;
(7)确认门框内无夹杂物。

五、A320 型飞机舱门滑梯预位、解除预位

1. 预位

(1)拔出安全销放到存放位,收藏红色警示带;

(2)将滑梯预位手柄操作至 ARMED 的位置；
(3)确认检查。

2. 解除预位
(1)将滑梯预位手柄操作至 DISARMED 位置；
(2)取出安全销锁定手柄，红色警示带外露；
(3)确认检查。

任务分析

　　安全责任重于泰山，环环相扣，大的事故往往是由一个个小的隐患累积而成的，所以，安全无小事，我们应当从点滴做起，不要忽略每一个细节，将隐患杜绝在萌芽状态，将安全牢记于心，付诸行动。

任务准备

(1)准备 B737-800 舱门模拟器。
(2)准备 A320 舱门模拟器。
(3)准备纸、笔。

模块三 客舱设施与服务

任务实训

实训内容	操作要求	学习收获与反思
关舱门流程	1. 确认舱门处无障碍物； 2. 地板凹槽无异物； 3. 阻拦绳完全收回； 4. 按压阵风锁； 5. 舱门四周密封完好； 6. 舱门无夹带物； 7. 舱门操作手柄处于180°水平位	
开舱门流程	1. 再次确认滑梯处于解除状态； 2. 相对门区乘务员拿出检查卡； 3. 舱门操作手柄扳至开位，一手抓住壁板辅助手柄，另一手将门往外推至阵风锁锁定； 4. 外部如果没有对接设备，拉好阻拦绳	
舱门滑梯预位	1. 各号位乘务员将滑梯预位，做交叉检查； 2. 将红色警示带斜扣于观察窗； 3. 将滑梯杆从滑梯存放挂钩内取出，放到地板支架内固定； 4. 滑梯杆已固定在地板支架内，用脚轻踩确认	
舱门滑梯解除	1. 各号位乘务员将滑梯预位解除，做交叉检查，将滑梯杆从地板支架内取出，放到滑梯存放挂钩内； 2. 将红色警示带平扣于观察窗； 3. 滑梯杆已固定在滑梯存放挂钩内，用脚轻踩，双手轻抬确认阻力正常	

学习评价

评分项目	评分值	评分内容	配分	自评得分	小组互评分	教师评价分
职业素养（30分）	课堂纪律（10分）	不迟到，不早退	5分			
		积极思考，回答问题	5分			
	6S管理（10分）	场地整齐干净；设备整洁摆放	10分			
	职业形象（10分）	着装按职业要求；妆容精致大方	10分			
实训操作（40分）	常规操作（20分）	按照标准操作；操作认真、效率高	20分			
	团队合作（20分）	能与他人合作	20分			
综合能力（30分）	沟通表达（30分）	语言表达流畅；用词恰当、语速适中	30分			

综合得分（自评20%；小组评价30%；教师评价50%）：

本人签字：　　　　　　组长签字：　　　　　　教师评价签字：

飞行测试

（1）舱门操作的注意事项有哪些？

（2）不规范的舱门操作会带来哪些危害？

附录

乘务组整体评价标准

评价内容	评价标准
乘务组职业素养情况	A. 乘务组仪容、仪表符合职业规范,仪态大方。 B. 乘务组仪容、仪表比较符合职业规范,仪态一般。 C. 乘务组仪容、仪表符合不符合职业规范,仪态不佳
乘务组合作分工情况	A. 乘务组分工明确,成员积极完成任务,相互合作较好,乐于分享经验和观点,乘务长播报广播词标准。 B. 乘务组活动有分工,成员能够完成任务,但积极性不高,合作情况一般,缺乏成员间的互助和支持,乘务长广播词完成情况良好。 C. 乘务组活动无分工,成员合作情况不好,依赖某一两个人完成任务,乘务长不能完成英文广播词的播报
乘务组课堂表现情况	A. 乘务员任务活动中表现活跃,对教师提出的问题和任务响应积极,乐于探究答案。 B. 乘务员在任务活动中中规中矩,能够完成必做的任务,对选做任务不感兴趣。 C. 乘务员比较被动,对教师提出的问题和任务不太响应,完成较差
乘务组语言沟通能力	A. 乘务组语言接受能力较强,语音语调标准。 B. 乘务组语言接受能力一般,语音语调较为标准。 C. 乘务组语言接受能力较差,语音语调不标准